ぼくは12歳、路上で暮らしはじめたわけ。

私には何ができますか？
その悲しみがなくなる日を夢見て

特定非営利活動法人
国境なき子どもたち（KnK）――編著

合同出版

ナラ*が私たちに話してくれたこと

ぼくが路上で暮らしはじめたのはずいぶん前のことだ。
家はいつだって貧しくて、
お腹がすいても食べるものなんか見つからなかった。
家族は8人いたけど、だれもはたらいていない。
仕事なんてどこにもなかった。
だから、お兄ちゃんたちとおなじように
ぼくも家を出たんだ。
学校には行ったことない。
13歳のとき、おばあちゃんに誘われて
従兄弟《いとこ》と一緒にタイに行った。
バンコクという大きな町に
おばあちゃんは小さな部屋を借りたけど
ぼくには窮屈でたまらなかった。
だからいつも外で寝起きしていた。

ナラ——17歳の男子。
カンボジアでの聞き取り調査より
（2003年）

毎日、朝7時から夜10時まで働いた。
路上やレストラン、バーなんかを歩き回って、
キャンディーや花、ライター、サングラス、
売れるものは何でも売った。
一日で稼いだ200バーツ*は
全部おばあちゃんに渡したよ。
一日中歩いていると、
足が痛くて最後は感覚がなくなるんだ。
一度、母さんやきょうだいに会うために
カンボジアに戻ったけど
退屈で、すぐに従兄弟と一緒に
タイに戻ってきたんだ。
そして、本格的な路上での生活を始めた。
お金になることならなんでもやった。
そうしないと生きていけなかった。
ヤマ*も売ったし、
タイからカンボジアへ密輸みたいなこともした。
そのうちぼくもヤマのとりこになっていた。

バーツ――タイの通貨。
200バーツ=約560円
(2010年1月現在)
ヤマ――覚醒剤の一種

ヤマを吸うと、頭がスッキリして
なんだってやれるような気がするんだ。
お腹がすいてることも忘れられるし、
嫌なことも吹っ飛んでいくよ。
でもすぐに効き目がなくなって、
現実に引き戻されてしまう。
路上には怖いやつらがたくさんいるんだ。
そいつらと毎日のようにけんかして、
へたすると警察につかまって
もっとひどく殴られる。
怖い大人がたくさんいるよ。
従兄弟は悪いやつらとトラブルになって
嫌がらせを受けただけでなく、
変な注射を打たれたんだ。
それ以降、体が半分動かなくなってしまった。
従兄弟は随分変わってしまった。
変な大人もたくさんいるよ。
たいていは外国から来た男たち。

やつらはぼくの体が目当てだった。
お金のためだからしょうがないけど、
殴られたり、もっとひどいことをされた。
そんなこと思い出したくもないね。
これからもぼくは
ストリートで生き続けるつもりだ。
少しのお金が入れば
すぐにヤマを手に入れられるし、
何たって自由だから。

もくじ

装幀——守谷義明＋六月舎
写真提供——「国境なき子どもたち」、渋谷敦志、大川砂由里

■この本に出てくる国

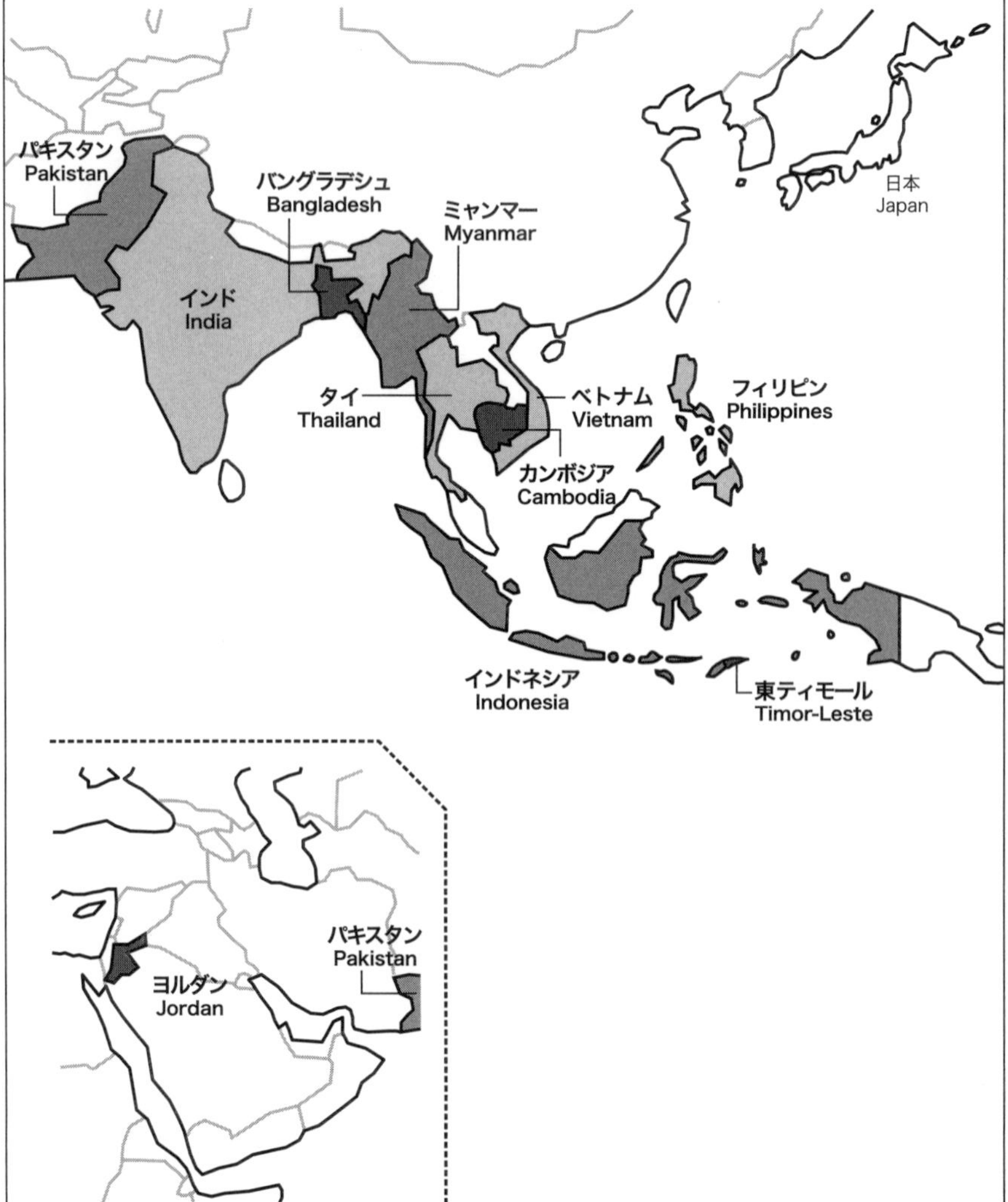
パキスタン
Pakistan
バングラデシュ
Bangladesh
ミャンマー
Myanmar
日本
Japan
インド
India
タイ
Thailand
ベトナム
Vietnam
フィリピン
Philippines
カンボジア
Cambodia
インドネシア
Indonesia
東ティモール
Timor-Leste
パキスタン
Pakistan
ヨルダン
Jordan

第1章

私たちが出会ったストリートチルドレン

「靴ずみって何色もあるの？」

ベトナム南部の街、ホーチミン市*で昼食を食べていたときのことでした。そのレストランはサイゴン川に面したオープンテラス風の造りで、道路に向かって大きく開かれていました。客のほとんどは外国人です。

私たちが4人で食事をしていると、12歳くらいの少年が店に入ってきました。薄汚れた服で、重そうな木箱を肩から下げ、テーブルの間を縫うように歩き回っています。しばらくして私たちのそばまで来ると、一人の男性スタッフの肩をツンツンと指でつつきました。

「何だい？」と彼がたずねると、少年はニコニコしながら足元と木箱を交互に指差して、

「シューシャイン、シューシャイン」（靴磨き、靴磨き）と片言の英語をくり返しました。

言われてみれば、4人のうち彼だけが革靴を履いていました。ベトナムに来て数日、あちこちを歩き回って革靴はほこりまみれでした。彼は椅子に

ホーチミン市：ベトナム最大の都市で、インドシナ半島有数の世界都市。旧南ベトナムの首都、サイゴン。現在は首都ハノイが政治、ホーチミン市は経済の中心。

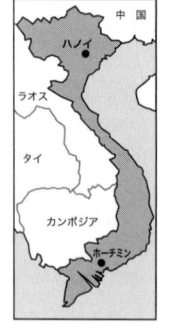

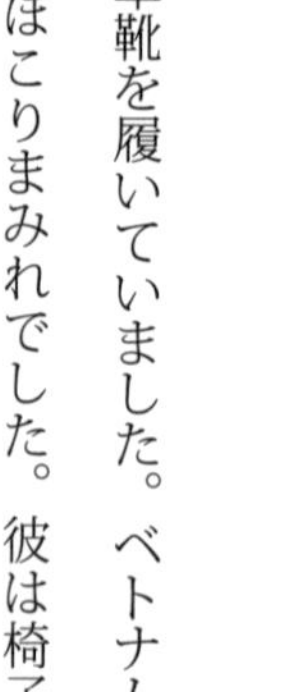

座ったまま靴を脱いで少年に渡し、食事をしている間に靴を磨いてもらうことにしました。少年はうれしそうに靴を抱きかかえ、小走りにレストランを出て行き、レストラン前の歩道の隅で靴を磨きはじめました。その様子が席からも見えました。

少年の交渉のやりかたや年季の入った木箱の様子から見て、もう長年その仕事をしているようでした。5分もすると、少年が店内に戻ってきて、誇らしげにピカピカに仕上げたまっ黒い革靴を差し出しました。

「あっ……」

私たちは息を飲みました。靴は茶色い革靴だったはずです。

しかし、その靴はまっ黒ではありましたがとてもていねいに磨かれていました。

少年はうれしそうに「5000ドン、5000ドン*」と料金を告げます。茶色の靴ずみで磨いてくれるものとばかり思い込んでいた彼は、大笑いをしながら料金を支払い、少年にたずねました。

「茶色の靴ずみはなかったの？」

少年は質問の意味がわからない、という表情を浮かべました。

5000ドン：ベトナムの通貨。1000ドンで5・05円（2010年1月現在）。靴磨きの料金は約25円だった。

「これ、茶色い靴なんだけど、黒い靴ずみで磨いちゃったんだね」

もう一度聞くと、少年は答えました。

「靴ずみって、他の色もあるの?」

私たちは、靴にはいくつかの色があるので靴ずみにも何色もあること、そして、稼いだお金を少しずつためて靴ずみの色を揃えていけばもっとお客さんが増えるんじゃないかな、ということを伝えました。

「稼いだお金は使っちゃいけないんだよ」

少年はぼそっとつぶやきました。

「お金はどうするの?」

「お金は全部渡さなくちゃいけないんだ」

「だれに渡すの?」

「……」

これ以上は何をたずねても、少年は口をぎゅっとつぐんだまま何も答えてくれません。

少年は稼いだお金をだれに渡すのでしょうか?

そもそもこの少年は、なぜ靴磨きをしているのでしょう。

食堂で靴磨きをするストリートチルドレンのグループ。靴だけでなく黒いサンダルも磨く

ある日、「靴磨きをやろう」と思い立って、自分でブラシや靴ずみなど道具を買い揃え、商売をはじめたのでしょうか？

もしかしたら、少年の親、あるいは子どもを働かせている大人に、「お前は靴磨きをやれ」と命令され、道具箱をあてがわれたのではないか……。

去っていく少年の後ろ姿を見ながら、そんな考えが私たちの頭をかすめました。

「傘を差してあげる」

タイとカンボジア国境の町、アランヤプラテートには大きな市場があります。タイにあるこの町には毎朝、カンボジアから数千人もの人びとが国境を越えてやってきます。人びとは、物売り、荷物運びなどの仕事を終えると、夕方にはまた国境を越えてカンボジアに帰っていきます。

2002年3月、私たちは日本から「友情のレポーター」としてやって来た五十嵐《いがらし》敬也《ひろや》くん（11歳）と四方香菜《しかたかな》さん（13歳）とともに、このアランヤプラテートの町に入りました。

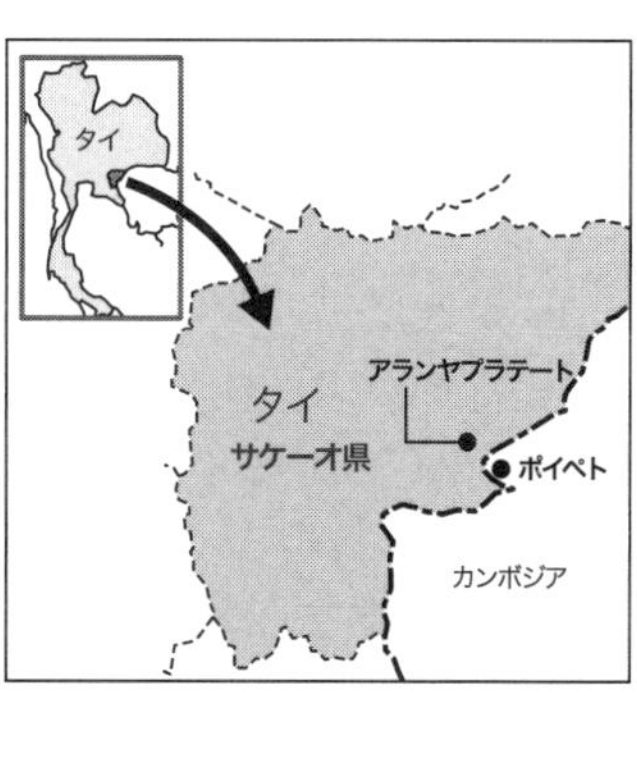

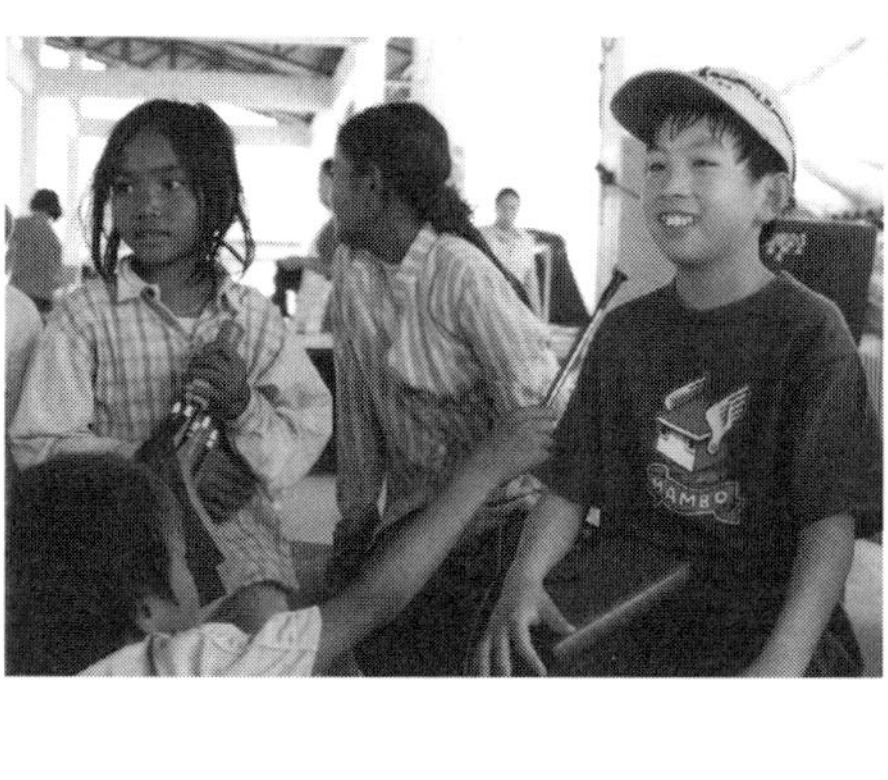

アランヤプラテートで働いている子どもたちを取材中、逆にインタビューを受ける五十嵐敬也くん（右）

「友情のレポーター」は、私たち「国境なき子どもたち」（ＫｎＫ）がおこなっている教育プロジェクトで、これまで日本の子どもたち40人ほどをベトナムやカンボジア、フィリピンなどへ派遣しています。レポーターになった11歳から16歳の子どもたちは、アジアの国ぐにで取材をおこないながら、現地の子どもたちと交流して、友情を深めてきました。

私たちがアランヤプラテートの市場を見学したのは、タイがもっとも暑くなる3月末のことでした。乾季も後半にさしかかり、その日も直射日光がジリジリと刺すように照りつけ、五十嵐くんと四方さんは暑さでいまにも倒れそうでした。

すると、どこからともなく数人の、10歳くらいの女の子たちがかけ寄ってきて、二人に大きな傘を差しかけてくれたのです。私たちが市場の中を歩き回るのに寄り添って、相合傘をしながらどこまでもついてきます。

たいへんな酷暑でしたから、日傘はありがたく、二人ともなんて親切な女の子たちだろう、と感激しました。女の子たちは、色とりどりの大きな傘を交替で持ち、クメール語*で楽しそうにおしゃべりしながらついてきました。

30分も一緒に歩いたころでしょうか。後ろを歩いていた私たちスタッフに

日傘を差しかけてきた女の子たちと手をつないで歩く四方香菜さん（右2人目）

クメール語：カンボジア語とも呼ばれる。カンボジアの全人口約9割を占めるクメール人（約1400万人）が話す言語。カンボジアの国語、公用語。

女の子たちはお金を求めるように手を差し出してきました。

女の子たちの親切は、有料だったのです。

私たちは市場の食堂で昼食をとることになり、傘を差してくれた女の子たちも誘いました。すると、いつの間にか男の子数人もまじって食堂に入ってきました。

最初はもじもじしていた子どもたちも、一人、また一人と立ち上がっては遠慮がちに小声で食堂のおばさんに注文し、いつのまにか全員がコーラを片手にテーブルの上のごちそうをモリモリと食べていました。

食べ終わるころには、通訳を介して少しずつ自分のことを話してくれました。

13歳のランは、この市場で昆虫のつくだ煮を売っている母親の手伝いで、一日中、この付近の草はらでバッタを捕まえて足をむしって下ごしらえをするのが仕事だそうです。

15歳のティーは、衣料品店に雇われ荷物運びをしていました。この暑さの中、毎朝、十数枚の衣服を着込んでは、カンボジアから国境にはられた有刺鉄線を越えてくるといいます。

一日中バッタの足をむしる少年

12歳のソンの仕事は、駐車場で車の見張り番です。朝6時から日が暮れるまでぼくがずっと見張ってるんだと胸を張っていました。15歳のお兄ちゃんは市場で『パスポートを作る仕事』をしているそうです。

子どもたちには、国境を歩いて越える外国人旅行者を見かけたら傘を差しかけ、運がよければほんの少しのお金を恵んでもらうという知恵が自然と生まれたのです。

子どもたちの話は、日本から来たばかりの五十嵐くんと四方さんにとっておどろくことばかりでした。タイとカンボジアの国境の町では、子どもたちは毎日学校へ行くどころか、一日中仕事をして日々を送っていたのです。

「死人より生きてる人の方がよっぽど怖いよ……」

フィリピンの首都マニラにはおしゃれなレストランや高級ブティックが立ち並ぶ高層ビル街があります。ビルの谷間にある公園にはゴルフ場もあり、裕福な人びとがゴルフを楽しんでいます。

その一方で、そのすぐ脇にはスラム街が広がっています。きれいな高層ビ

市場で仕入れた品物を運ぶ少年。毎日タイとカンボジアを何度も往復している

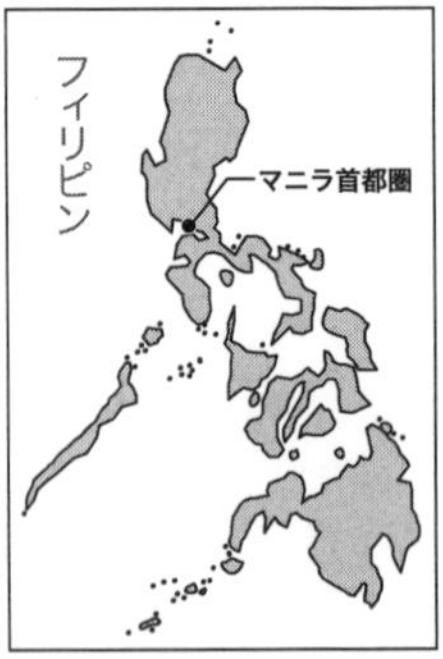

ルの並ぶ区域と崩れかかった掘っ立て小屋が立ち並ぶスラム街は見渡すかぎり重なり合うように広がっていますが、その二つの区域は決してまじわることはありません。

掘っ立て小屋の中では、その日の暮らしもままならないほどの貧しい人びとが生活をしていて、そこを訪れた人にフィリピンという国の貧富の格差のすさまじさをまざまざと見せつけます。

海岸沿いの大通りで渋滞で停まったり信号待ちをしている車がいると、16歳くらいの少年たちが駆け寄って、派手な色あいの布で車の窓ガラスを拭きはじめます。とくに交通量の多い夕方になると、彼らはどこからともなくやってきます。どの子もひょろっとした体格で、伸びきったくしゃくしゃの髪の毛はすっかり日に焼けて赤茶けていたり、色が抜けて金髪が混じっているようにも見えます。

少年たちはドライバーからお駄賃をもらうために窓拭きをやっているのですが、ほとんどの車は少年たちには見向きもせずに走り去っていきます。

私たちは、少年たちが窓拭きでどのくらいのお金を得ているのか知りたくなり、道路の中央分離帯で車を待ち構えていた一人の少年に話しかけてみま

マニラのスラム街。トタンで作られた家がひしめき合っている。排水溝が整っていないため汚水がいたるところであふれている

した。

「何歳なの？」

「15歳」

車を拭いている布きれを見せてもらうと、それは色とりどりの端切れを寄せ集めミシンで乱雑に縫い合わせただけのものでした。

すると、少年は、

「窓拭きがほしいの？　10枚で5ペソ*だよ」

と未使用のものを押しつけてきました。

「友だちのお母さんが縫ってるんだ。車がピカピカになるから、使ってみなよ」

「きみはどこに住んでいるの？」

「え～、あちら～こちら～」

歌うような返事から、いかにも答える気のなさそうな雰囲気が伝わってきました。私たちは5ペソで窓拭きを買って、さらに質問を重ねました。すると、

「明日、ガラス拭きもっと持ってくるから、もうあと5ペソくれない？」

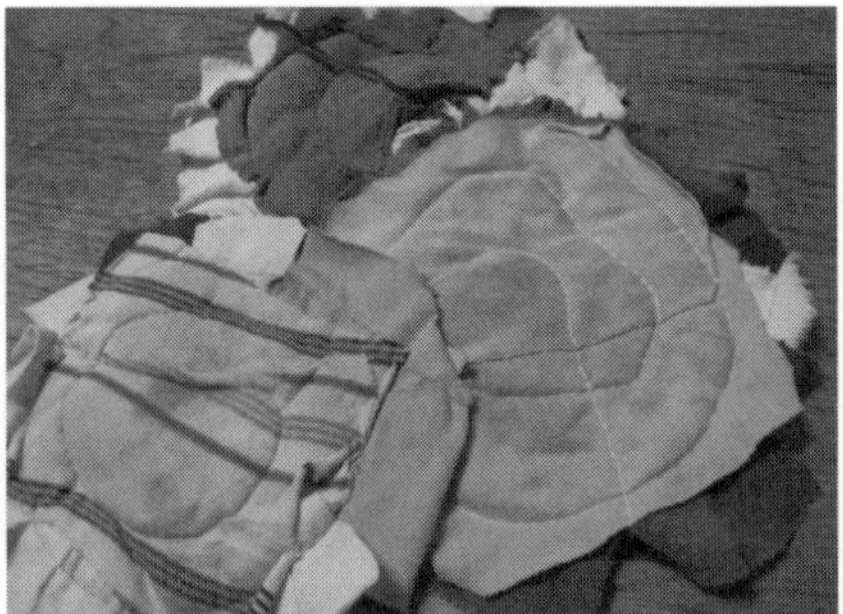

服の切れ端を縫い合わせて作られたカラフルな窓拭き

5ペソ：フィリピンの通貨。5ペソで約10円（2010年1月現在）。

とねだってきました。

「あと5ペソ、何に使うの？」

「さっきの5ペソと合わせたらラグビーが買える」

「ラグビーって何？」

「いいからさ、あと5ペソくれるの？　くれないの？」

すると、いつの間にかそばに来てやり取りを見ていた仲間らしい17歳ぐらいの少年が口をはさみました。

「いいよ、おれ、3ペソ持ってるから。行こうぜ」

そのまま二人は窓ガラス拭きの仕事をやめて立ち去ってしまいました。

その晩、私たちはフィリピン人のソーシャルワーカー*に「ラグビー」って何？　と質問しました。すると彼女は腹立たしそうに大声で答えました。

「ラグビーというのは、接着剤の商品名よ！　1ビンがたった12～13ペソ（約25円）。ストリートチルドレンの多くは、ビニール袋の中にたらして、これを吸ってるの。一度ラグビーを吸えば、3日は空腹を忘れられるというわ。あなたたち、何で買いに行くのを止めなかったの！」

「そうなの……」

スーパーで簡単に手に入る接着剤「ラグビー」。シンナーのような覚醒効果があり、空腹感も麻痺する

ソーシャルワーカー：ソーシャルワーク（貧困・疾病その他の社会的な問題の解決を援助するための社会福祉の実践的活動）をする人。フィリピンでは国家資格を要する専門職。

「なんてことなの！！」

と大変な剣幕でした。

つぎの日、まだ怒りがおさまらない彼女は、私たちをマニラ首都圏北部にある公共墓地へ連れて行きました。

そこは、映画に出てくるようなキリスト教式の広い墓地でした。野球場くらいの広さがあるでしょうか。見渡すかぎりお墓またお墓。花が供えられている場所もなく、すべてが灰色の世界でした。十字架や墓石の一部が崩れ落ち、ひどく荒れ果てた光景が広がっていました。

「ここは、管理する人もお参りに来る人もほとんどいない墓地なの」

だれもお参りに来ないというお墓は、雨風にさらされて墓石の一部が崩れているものもあります。

「そのあたりに、ラグビーを吸ってる子どもらがいるはずよ」

昼間とはいえ、荒れ果てた墓地を歩くのはやはり不気味です。突然足元からハエの大群がわっと飛び立って私たちをおどろかせました。ハエがたかっていた地面には、砂にまみれたご飯のかたまりが転がっていました。

どうして人気のない墓地に残飯が落ちているのだろう？　そんなことを考

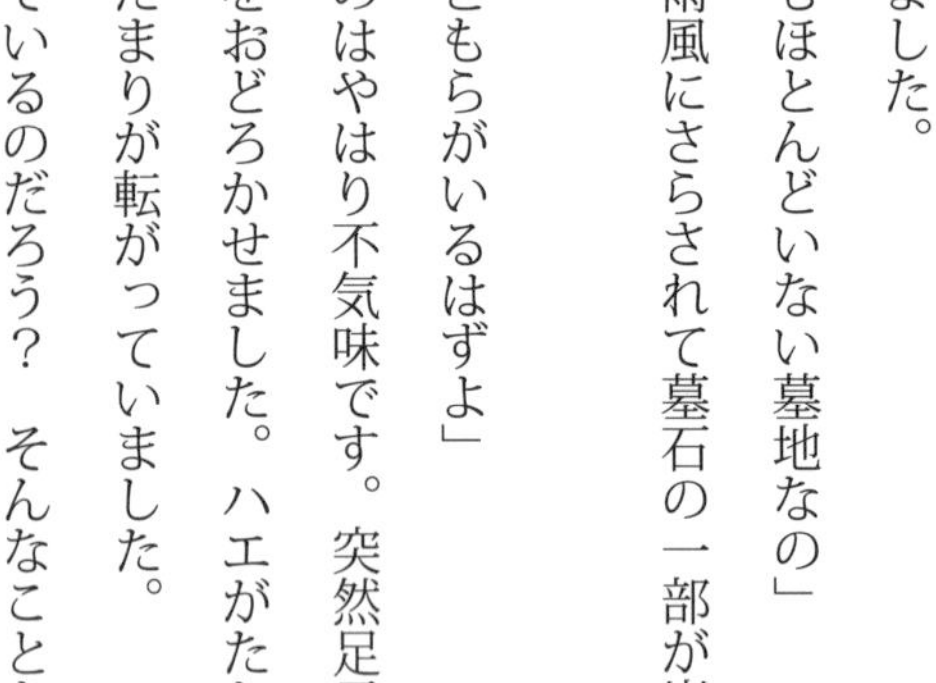

この足がストリートチルドレンの生活の厳しさを物語っている

えながら角を曲がると、そこには5歳から17歳ぐらいの少年たちが十数人たむろしていました。

墓石の上に寝そべったり、お墓からお墓へ飛び移ったり、小石で地面に落書きしたりと、みんな好き勝手なことをしています。

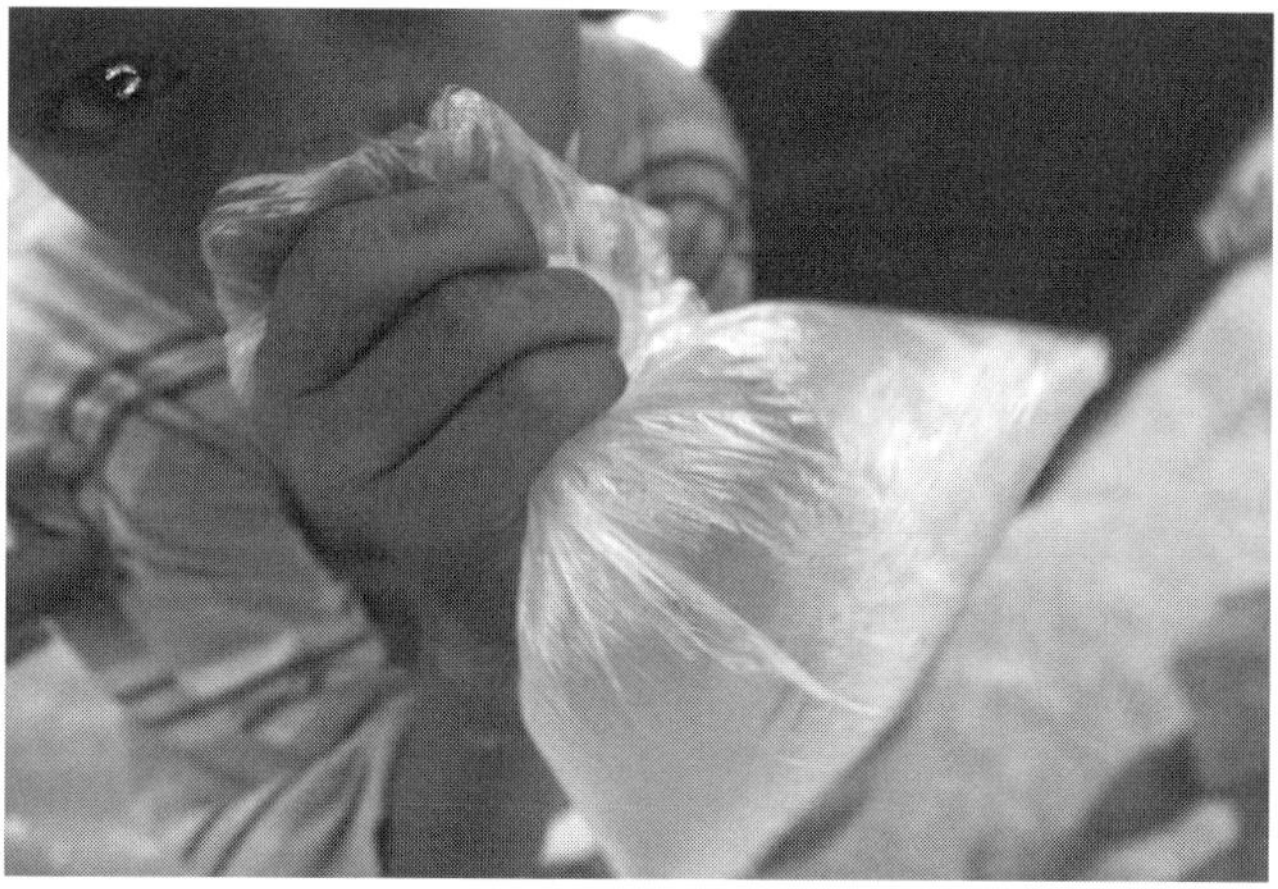

ビニールにたらしたラグビーを吸うストリートチルドレン

ソーシャルワーカーの姿を見つけると、何人かが駆け寄ってきて矢継ぎ早に話しかけてきました。その様子からすると、子どもたちは、彼女と顔見知りのようでした。

少年たちの中には、酔っ払っているような、寝ぼけているような、とらえどころのない状態の子が何人かいました。大声で笑いながら歌を歌ったり、呂律《ろれつ》がまわらないのに話しかけてきました。一様にうつろな目をしていて、シンナーを吸ってハイになっているようでした。

私たちは、この子たちはここで何をしているの、とソーシャルワーカーにたずねました。

「ここに住んでいるのよ」

彼女はこともなげに答えました。

崩れかかった墓石の間で、あるいは埋葬されるまで棺《ひつぎ》を安置して置く棚の中で、この少年たちは寝起きしているそうです。火葬してお墓に骨を納める日本とは異なり、フィリピンでは遺骸《いがい》をそのまま棺に入れ埋葬します。ストリートチルドレンは棺を開けて、遺骸の着ていた服をはがして着たりしているといいます。

ここで2年近くも寝起きしているという13歳の少年レオくんの話を聞きました。

「お墓で寝るなんて、怖くない？」

「生きてる人の方がよっぽど怖いよ。死人はぼくに意地悪しないもの」

そう答えるレオくんの顔は、汗とホコリ、排気ガスと雨がこびりつき、垢《あか》

人目を避けるため墓地で生活する子ども

ストリートチルドレンが新しいストリートチルドレンを産む

で黒光りしていました。

こんな子どもたちが、私たちの暮らすおなじアジア地域で今日も必死に生き抜いています。

路上で寝起きし、わずかな稼ぎを求めて働き、学校へ通うこともできない。自分の努力だけでは決して抜け出すことのできない困難な状況に陥っています。

子どもたちはなぜ路上で生活をしなければならないのでしょうか。

いったいどんな生活を送っているのでしょうか。

彼らに必要なものは何なのでしょうか。

私たちにできることはあるのでしょうか。

これからいっしょに考えていきたいと思います。

第2章
なぜ路上で暮らしているの？

ホーチミン市で働くストリートチルドレン

10歳のギアは、ベトナム中部の農村からホーチミン市へやってきました。ギアは毎日、朝の8時から夜の10時ごろまで街中で宝くじを売り歩いています。ほとんどの売り上げは親方に取り上げられるため、自分で食べる甘いもの一つ買うことはできません。それでもギアは田舎に住む家族の生計の足しになるよう、毎日足が棒になるまで懸命に働くのだといいます。そして、また小学校に通えるようになりたいというのがささやかな夢なのだそうです。

ベトナムは、南北に細長くのびたインドシナ半島東岸にある国です。北側に中国、西側にラオスとカンボジアがあり、東は南シナ海に面し、フィリピンと向かい合っています。

ベトナムは長い間多くの国ぐにの支配を受け、そこから逃れるために戦争がくり返されてきた国です。いまから約120年前の1887年にはカンボジアとともにフランスの植民地になり、長い間フランスの支配下に置かれ

宝くじを売り歩く兄弟

ました。第2次世界大戦中は日本軍に進駐《しんちゅう》されますが、１９４５年の終戦後、独立を勝ち取ります。しかし、ふたたびフランス軍に占領されフランスとの戦争が始まり、それに続く超大国アメリカを相手にした泥沼のベトナム戦争へと拡大していきました。戦争は１９７５年に終わりますが、２００万人以上のベトナム人が犠牲となったといわれます。国土は荒らされ、道路や学校、病院などの社会的基盤もほとんど破壊されました。

戦後、社会主義国となったベトナムは、社会主義型市場経済をめざし、ドイモイ政策*を開始します。工業化・近代化をおしすすめ、貧困削減にも取り組みました。

その反面、急激な経済発展は、同時に都市部と地方の貧富の格差を拡大させ、新たな貧困をもたらしました。人口６００万人を超すホーチミン市には、農村部からの出稼ぎ者が流入し、約1万人のストリートチルドレンを抱えるなど、大きな社会問題となっています。

ホーチミン市内のバックパッカー（個人旅行者）の集まる安宿街では、観光客を相手にガイドブックや花を売るストリートチルドレンたちの姿が目につきます。さすがに物乞いをする姿は見られませんが、子どもたちがさかん

市場で店の手伝いをするかたわら、勉強する少女

ドイモイ政策：ドイモイは刷新の意味。1986年のベトナム共産党・第6回大会で提起されたスローガン。主に経済（価格の自由化、国際分業型産業構造、生産性の向上）、政治・外交・思想などの改革をめざす政策。

にお金を稼いでいる姿が印象的です。

彼らの多くには親がいて、田舎にもどる家があるのですが、大家族の食いぶちを減らすために、または親の虐待から逃れるために、ホーチミン市にたどり着いた子どもたちなのです。

ベトナムでは、政府がストリートチルドレンを街から一掃する政策をとっています。ストリートチルドレンは、街の厄介者として拘束されると、市の内外にある収容施設に隔離されています。そんな政府の政策もあって、ストリートチルドレンに偏見を持つ人も多くいます。

幼い頃から虐げられた路上での体験は、子どもたちの心をむしばみ、社会や他人に対する憎悪を育てていきます。

働かざるを得ない子どもたち

ストリートチルドレンを生み出す最大の原因は、貧困です。

貧困家庭はその日暮らしのため、主な稼ぎ手である親のケガや病気などによってひとたび仕事が途絶えてしまうと、たちまち多額の借金を抱えてしま

■データで見るベトナム

	ベトナム	日　本
5歳未満児死亡率（1,000人あたり）	**15**	4
低出生体重児出生率（%）	**7**	8
平均余命（歳）	**74**	83
小学校の第1学年に入学した子が第5学年に在学する率（%）	**92**	——
成人の総識字率	**90**	——
改善された水源を利用する人の比率（%）	**92**	100
1人あたりのGNI（米ドル）	**790**	37,670
1日1.25ドル（国際貧困ライン）未満で暮らす人の比率（%）	**21**	——

出典：『ユニセフ世界子供白書2009』より

＊注）GNI(Gross National Income)とは「国民総所得」という。1人あたりのGNIは、国民総所得を年央の人口で割って算出したもの。

い、その借金を帳消しにするために、子どもたちが児童労働や人身売買の対象になるケースが後を絶ちません。

その日の収入のほとんどがその日に家族が食べる食費にあてられるため、子どもたちの稼ぎが当てにされ、子どもが持ってくるお金なくしては一家の生活が成り立たない有り様なのです。

「家が貧しかったから、弟や妹たちが食べていくには、ぼくが出稼ぎに行くしかなかった」（カンボジア／ソペア／15歳）

「両親は重い病気を治すために借金をしていた。それを返すためにぼくが路上に働きに出たのは当然だよ」（ベトナム／アン／12歳）

私たちがこれまでに出会ったストリートチルドレンの多くは、そう話します。

とりわけ、タイやカンボジアなど仏教国の人びとの間では、子どもが親を助けることが一種の宗教的な美徳とされているため、子どもが親の借金を肩代わりして苦労したり、身を売っても仕方がない、宿命だという考え方が根強くあります。

なかでも農村部の子どもがたくさんいる家庭では、食いぶちを減らすため、年齢の高い子どもから順に家を出て、都会で働いて家に仕送りをするのが当たり前のことだとされています。

カンボジアのストリートチルドレン

カンボジアで出会った17歳の少年ラタは、タイとの国境にあったもっとも大きな難民キャンプの生まれでした。

ラタの一家は、１９９２年に国連によって難民キャンプからカンボジアに送還されました。家族全員で故郷の村に帰ることができたものの、村での生活は苦しかったといいます。けっきょく、仕事を求めてタイとの国境沿いの町ポイペトへと引っ越して、スラムの一角に住み着いたそうです。

住まいはおよそ家と呼べるようなものではなく、竹で組んだ骨組みに黒いビニールシートをところどころ貼り付けて、とりあえず雨風をしのげるようなもので、そこに両親と12歳の妹、８歳の弟の一家５人が暮らしていたそうです。

カンボジアの歴史をたどれば、いまから１２００年前に造られた「アン

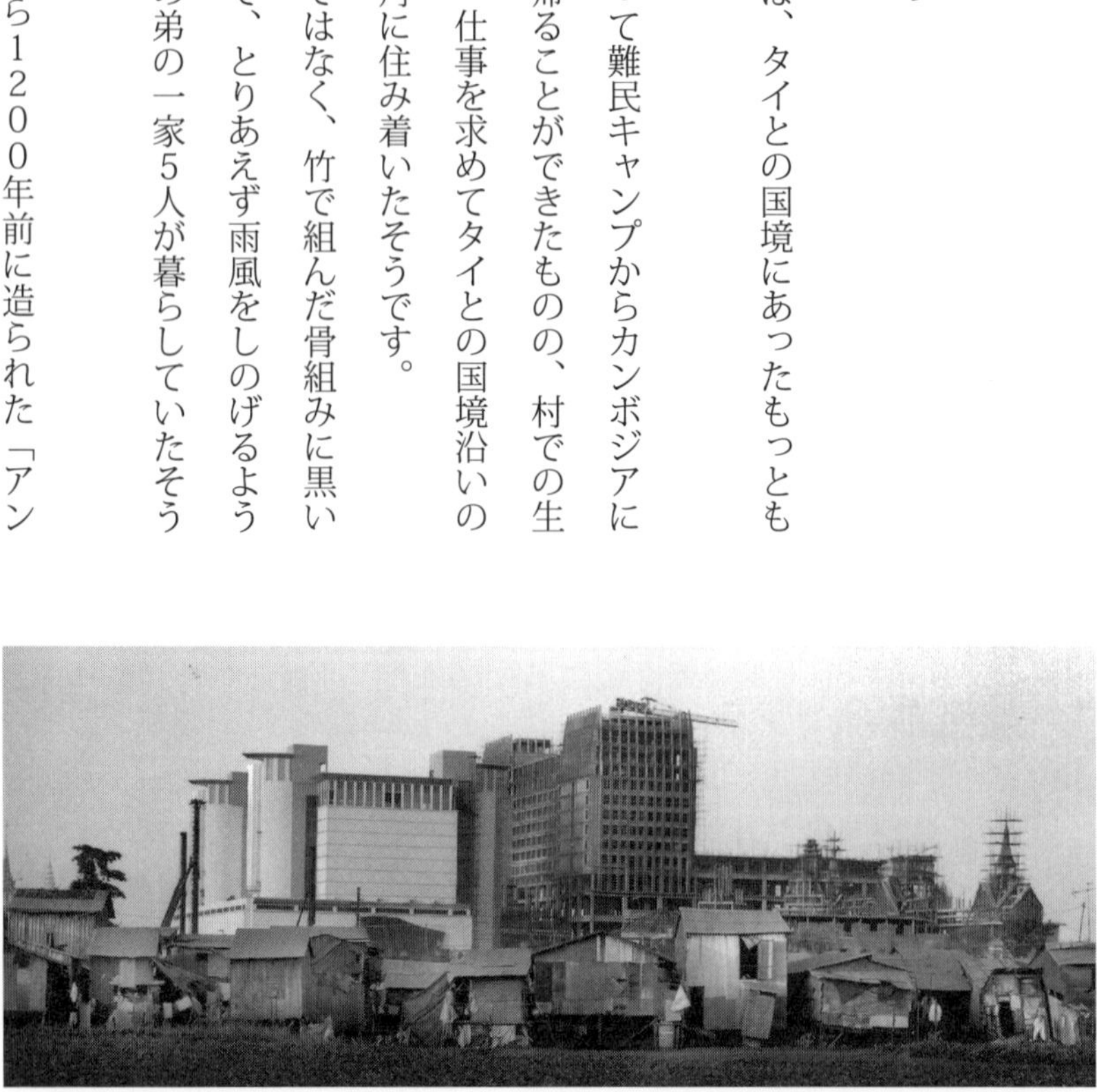

ビルのすぐ脇に立ち並ぶスラムの家々（カンボジア、プノンペン）

コールワット」が世界でも有数の遺跡として知られています。

この「アンコールワット」が建造されたとされる9世紀から15世紀に栄えたアンコール王朝の後、カンボジアはシャム（現在のタイ）やベトナムの支配を受け、やがてフランスの植民地となりました。１９５３年にフランスから独立しますが、１９７０年、シアヌーク国王を追放したロン・ノルによる軍事クーデターをきっかけにカンボジアは長い内戦状態に入りました。

１９７５年にカンボジアを支配したポル・ポト政権は、都市の住民を強制的に農村へ移住させ、過酷な労働を強制しました。知識人や芸術家、技術者、教師などの多くは批判分子の疑いをかけられて逮捕され、虐殺されました。75年から79年の間にカンボジアでは、虐殺や飢餓、重労働などで数百万人の国民の命が奪われたといわれています。

１９７９年にヘン・サムリン政権が成立しましたが、ベトナムの侵攻によって内戦が激化していきました。この内戦は、国連の主導で平和協定*が結ばれる91年まで、20年間続きました。

１９９１年に内戦は終わりましたが、国家が崩壊して多くの難民を出したカンボジアは、いまもなお国の再建途上にあって、各国からの開発援助

ポル・ポト政権下、クメールルージュによる拷問の様子が描かれた絵（トゥール・スレン博物館より）

平和協定：91年10月23日、パリで「カンボジア和平パリ国際会議」を開催、国内四派による最終合意文章が調印され、カンボジア内戦が終結した。

（ＯＤＡ）によって国の経済が成り立っているのが現状です。一人当たりの国民総所得（ＧＮＩ）は２００７年現在５４０ドル、隣国タイの６分の１以下で貧困問題の解決の糸口さえ見えていません。

ラタもそんなカンボジアの貧しい家庭に生まれました。両親は早朝から夜遅くまで、タイとカンボジアの国境の市場で荷物の運搬の仕事をしていました。ラタには妹や弟の面倒など一切の家事が負わされていて、これまで一度も学校に通ったことはないといいます。

ラタも14歳になると、両親について市場や国境沿いの街角で働くようになりました。市場で売る中古の電化製品の運搬や荷物運びの手伝い、野菜切りの仕事、国境を越える外国人観光客の傘持ちや荷物持ちなどいろいろな仕事を懸命にしました。朝から晩まで、行商で売って歩くバッタの足をむしったり、カエルの内臓を取り出す仕事もやりました。

しかし運の悪いことに、父親が病気になってしまいます。母親は町の高利貸しから多額の借金をして、その利子の支払いで一家の暮らし向きがさらに悪くなっていきました。そればかりか病気のせいで体が不自由になった父親は、毎日飲んだくれて家族に暴力をふるうようになったといいます。

■データで見るカンボジア

	カンボジア	日　本
5 歳未満児死亡率（1,000 人あたり）	**91**	4
低出生体重児出生率（%）	**14**	8
平均余命（歳）	**59**	83
小学校の第 1 学年に入学した子が第 5 学年に在学する率（%）	**49**	——
成人の総識字率	**76**	——
改善された水源を利用する人の比率（%）	**65**	100
1 人あたりの GNI（米ドル）	**540**	37,670
1 日 1.25 米ドル未満で暮らす人の比率（%）	**40**	——

出典：『ユニセフ世界子供白書 2009』より

＊注）GNI(Gross National Income) とは「国民総所得」という。1 人あたりの GNI は、国民総所得を年央の人口で割って算出したもの。

母親を守ろうとラタは必死で父親に向かっていきましたが、細く小さな体ではとうていかないません。顔や背中にも青いあざが絶えないようになり、仕事に出る気力さえ失ってしまったラタは、路上をうろつき回るようになり、おなじような境遇の仲間たちとシンナーやドラッグに手をそめるようになってしまったのです。

仲間と路上で暮らすようになったラタがひさしぶりに家に帰ってみると、家には父親だけで母親もきょうだいもいなくなっていました。父親との生活を望まないラタは仲間の元へもどり、二度と家族と顔をあわせることはありませんでした。

人身売買される子どもたち

ラタの一家のように、生活が立ちゆかないカンボジアの貧困家庭では、富める隣国のタイなどへ子どもを身売りするケースが後を絶ちません。子どもたちは違法なルートで国外へ連れて行かれ、そこで物乞いや強制労働、売春などを強いられています。

夜遅くまで外国人にガイドブックなどを売り歩く少年

人身売買の仲介をする人物が「トラフィッカー*」、身売りされた子どもたちは「トラフィックト・チルドレン」と呼ばれます。ラタが住んでいたタイとの国境の町ポイペトは人身売買のメッカで、国境沿いに広がるスラムにはたくさんのトラフィッカーが暗躍しています。収入源の少ないスラムの人びとにとって、人身売買は、簡単に多額の金を稼ぐことのできる有望なビジネスなのです。

私たち日本人にとっては「極悪人」「犯罪者」でしかないトラフィッカーですが、住民たちにとっては、「出稼ぎ先を紹介してくれる人」「貧しいものに手を貸してくれる人」「子どもをお金に換えてくれる人」と頼られているケースも決して少なくないのです。

実際、隣の家のおじさんや親戚のおばさん、はたまた自分の母親が「トラフィッカー」になることさえあるのです。人身売買は裏社会の違法なビジネスと結びついていますが、そのことは住民たちの間では暗黙の内に了解されているのです。極度の貧困の中では、人びとの心身が病み、常識や良心までもが麻痺《まひ》し壊されていくのです。

トラフィッカー：人身売買業者。子どもや若い女性を買い受けて移送する不正仲介人。

■データで見るタイ

	タ イ	日 本
5 歳未満児死亡率（1,000 人あたり）	**7**	4
低出生体重児出生率（%）	**9**	8
平均余命（歳）	**70**	83
小学校の第 1 学年に入学した子が第 5 学年に在学する率（%）	——	——
成人の総識字率	**94**	——
改善された水源を利用する人の比率（%）	**98**	100
1 人あたりの GNI（米ドル）	**3,440**	37,670
1 日 1.25 米ドル未満で暮らす人の比率（%）	**0**	——

出典：『ユニセフ世界子供白書 2009』より

＊注）GNI(Gross National Income) とは「国民総所得」という。1 人あたりの GNI は、国民総所得を年央の人口で割って算出したもの。

町中を歩き回り、大量のビニールやプラスティックなどを集める少年

ゴミの山に群がる子どもたち

人口9200万人のフィリピン*には現在、180万人ものストリートチルドレンが存在するとされ、その半数以上がマニラ首都圏にいるといわれています。

フィリピンでは70年代後半から80年代半ばにかけて起こった経済危機*の影響によって、貧しい農村から都市へ大勢の人びとが移住したことがありました。そのために都市部のスラムが急速に広がり、人びとは慢性的な仕事不足に追いやられ、不安定な低賃金・長時間労働を強いられました。その影響は容赦なく子どもたちを襲いました。

ケソン市パヤタスにあるゴミ山で働く子どもたちを、テレビや本、映画で目にしたことがある人も多いと思います。子どもたちは、家計を助けるために、一日中ゴミ山の中からめぼしい物を拾い集め、わずかなお金を得ています。ゴミ山は有害なガスが発生し、注射器などの危険な医療廃棄物などが混ざっている危険な場所です。子どもたちは安全と健康をわずかなお金と引き

素手でゴミの中を探す少年

フィリピン：7100以上もの島々からなる国。16世紀からはスペイン、第2次大戦後まではアメリカと、約4世紀にもわたり植民地になった。

経済危機：70年代にブレトンウッズ体制が崩壊し、国際通貨制度の変動や石油ショックなど、世界経済の枠組みを変更するような大きな変化があった。その影響を受けて、82年フィリピンは債務危機に陥った。

替えるようにして暮らしているのです。

また、劣悪な環境にさらされている大人たちのストレスが、暴力や虐待、ネグレクト（育児放棄）となって子どもたちに向けられ、多くの子どもたちが路上へと押しやられています。

小さな傷が元で大きな病気になることも多い

■データで見るフィリピン

	フィリピン	日　本
5歳未満児死亡率（1,000人あたり）	**28**	4
低出生体重児出生率（%）	**20**	8
平均余命（歳）	**70**	83
小学校の第1学年に入学した子が第5学年に在学する率（%）	**70**	――
成人の総識字率	**93**	――
改善された水源を利用する人の比率（%）	**93**	100
1人あたりのGNI（米ドル）	**1,620**	37,670
1日1.25米ドル未満で暮らす人の比率（%）	**23**	――

出典：『ユニセフ世界子供白書 2009』より

＊注）GNI(Gross National Income) とは「国民総所得」という。1人あたりのGNIは、国民総所得を年央の人口で割って算出したもの。

墓地に暮らすフィリピンの子どもたち

フィリピンでは、多くのストリートチルドレンが都市にある墓地や公園の中に暮らしています。車が進入する危険もなく、雨風をある程度しのぐことができる墓地は、ストリートチルドレンにとっては一種の「安全地帯」なのです。ここでは警察の取り締まりもそうきびしくありません。

ある日のカラオカン市にあるサガンダン墓地には、0歳の赤ちゃんから20歳過ぎの若者まで、100人も寄り集まっているようでした。墓石の上や脇で寝ころがっている者、赤ちゃんをあやしている少女、シンナーの袋を手にうずくまる少年など、子どもたちの姿は、目を覆いたくなる悲惨な光景でした。長い間社会から完全に排除され、すさんだ生活の成れの果てのようでした。

酔っぱらった子どもたちの大げんかがはじまることもあれば、ドラッグで意識がもうろうとしている子どもたちが喚声をあげたり、人目をはばかることなくセックスにふけるカップルもいたりします。

炎天下、ゴミの中を探し続けなければならない

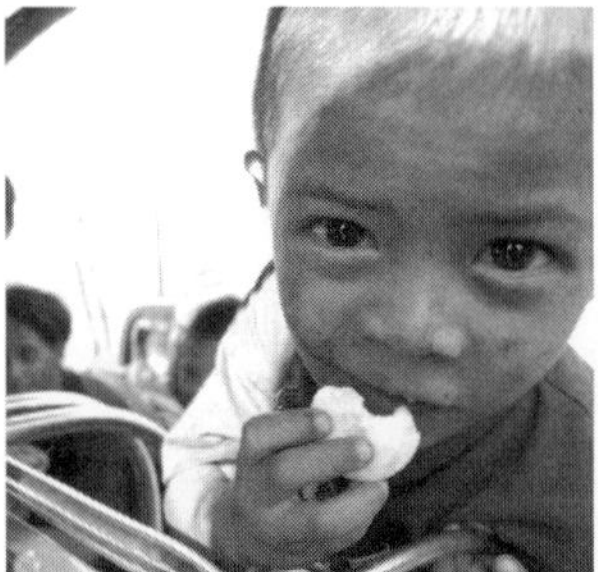

路上で生まれ、たくましく育っている少年

買春客が目当てのストリートチルドレンは近くの街角に立って、異性、同性を問わず、自分に声がかかるのを待っています。

私たちがサガンダン墓地でマイケルに出会ったとき、彼は13歳でした。仲間と一緒にスリや物乞いをするほか、店から出たゴミの中から残飯を見つけて生きのび、一日中シンナーを吸って墓石の間で眠るような生活をしていました。

私たちがこの墓地を訪れるたびに大喜びで私たちの胸に飛び込んでくるほど、マイケルは人なつこい甘えん坊でした。私たちは、マイケルをはじめここで暮らしている子どもたちを、私たちが運営する自立支援施設「若者の家*」に迎え入れることにしました。

マイケルは、「若者の家」の生活に慣れるまで墓地との間を行ったり来たりしていましたが、少しずつ「若者の家」で過ごす日が増えてきました。はじめは床に座って手づかみで食事をしていましたが、ちゃんと椅子に座り、フォークを使って食事をすることができるようになりました。片言の英語も話せるようになりました。

そんなある日、友だちに「どうしてもシンナーがやりたい」といい残し、

*「若者の家」：自立支援施設。01年11月の施設開設当初、17名の青少年を受け入れた。

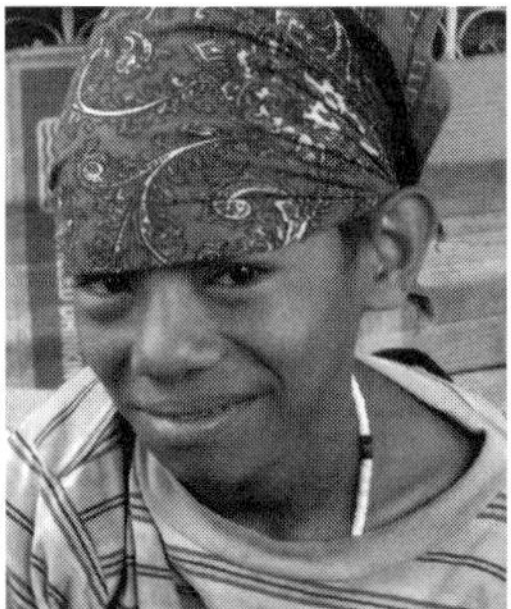
みんなに好かれていたマイケル

開設当初の「若者の家」

彼はふたたび墓地へもどりました。数日後、私たちはいつものように彼を迎えに行きましたが、どこにも見つけられませんでした。シンナーに酔った彼は車を避けることができず即死。15年という短い人生でした。

フィリピン都市部では、暴力、アルコール依存、薬物依存、セックス依存、売春、殺人、事故死など、ストリートチルドレンが行き着くあらゆる最悪の事態が起きています。07年、行政当局は治安維持を名目に、路上生活者がこのサガンダン墓地に立ち入ることを禁止しましたが、これまで墓地で寝起きしていたストリートチルドレンたちが行き場を失っただけでした。サガンダン墓地にいた子どもたちは、公園や目立たない路地でグループを作って生活しています。

スラムの中の子どもたち

アジアでは貧困層の多くは、都市のスラムに住んでいます。スラムとは、貧民街とも呼ばれ、生活環境が劣悪で過密化した地域や住宅地区をさします。

フィリピンのスラム

「子どもは7人いたけれど、そのうちの何人がいまも生きているかはわからない。おそらく2、3人は死んでいると思うわ」

カンボジアのスラムに住むサムンさん（37歳）は、母親であるにもかかわらず、自分の子どもの居場所はおろか生死についても定かでない、といいます。

サムンさんのように、スラムに住む極貧家庭では、自分の子どもに無関心な親がたくさんいます。定職を持って定期的な収入がある人はまれで、仕事もなく、酒を飲んで一日を無為に過ごすか、一日中賭け事にふける大人の姿が目につきます。

仕事にありつけても稼いだ日銭だけでは、子だくさんの家族にとって一日の食事代にもなりません。スラムでは子どもは労働の担い手、それも不可欠な稼ぎ手で、自分の子どもを物乞いに行かせたり、盗みを働かせる親が少なくありません。子どもたちの稼ぎを当てにして、自分は酒に溺れている親もいます。

スラムの人びとの暮らしには、その国の人権感覚、政治や経済の弱い部分がおのずと映し出されます。「貧困」「教育機会の喪失」「家族関係の崩壊」「地

スラムで暮らす家族の様子

域社会の崩壊」「弱者の社会的排除」など、その国の負の要素がスラムには凝縮されています。

「お父さんは毎日のようにお母さんを殴っていたんだ。ナイフや鉄の棒を使うこともあったし、お母さんの頭が割れてしまうのではないかと思ったよ」（マニラのスラムに住むロメオ／13歳）

「お母さんはお父さんに殺された。酔っ払ったお父さんがお母さんの頭に斧を振り下ろしてしまったんだ」（プノンペンの路上に住むギー／14歳）

私たちにとっては想像を絶する恐ろしい光景ですが、東南アジアのスラムではこうした家庭内暴力が日常的に起こっています。スラムに住む子どもたちは、それを毎日のように目の当たりにし、その恐怖におびえながら暮らしています。

親の暴力がエスカレートすると、多くのばあい、子どもに対する虐待・体罰が始まります。そうした虐待に耐え切れず、家を出てストリートチルドレンになる子どもが少なくありません。また、夫の暴力から逃れるために、母親が頻繁《ひんぱん》に夫を変えるケースがあります。そのため、今度は子どもたちが継《まま》父《ちち》から以前にも増して罵倒されたり、暴力を受けたり、少女のばあいでは性

雨の中、赤ちゃんを抱きながら物乞いをする少女

的虐待の対象となってしまうこともあります。

路上に出ていく子どもたち

「国連人間居住計画」（ＵＮ ハビタット）*は、世界のスラムに住む人口は10億人を超えたと報告しています。アジアのスラム人口は5億８１００万人とされ、世界の約60％がアジアに集中しているとされています（05年の世界のスラム統計）。また人口１００万人のカンボジアの首都プノンペンではスラム人口が30％を超え、インドのムンバイでは世界最大級５００万人を超える超巨大スラム都市が出現しています。

その日の生活もままならない極貧層のスラム街では家族が安心して住める住宅もスペースもなく、電気や安全な水もトイレもありません。就職率や就学率は極端に低く、まともな医療や保健サービスも受けられず、栄養不足や家庭内暴力が蔓延しています。

家庭に居場所を失った子どもたちは、心のよりどころをなくし、自暴自棄になったり、孤独感に苛まれたりしながら、路上生活へ身を投じる以外に選

「国連人間居住計画」（ＵＮ ハビタット）：都市化や居住に関する様々な問題に取り組む国連機関。

早朝、眠りから覚めたストリートチルドレン

択肢がないところまで追いやられるのです。

自然災害や紛争のたびに路上にはじき出される子どもたち

開発途上国では、大規模な自然災害や紛争などで家が破壊され、その結果、路上生活を強いられてしまう子どもたちも大勢います。

家が被災したり、親が職を失ったりするなどで子どもたちが学校へ通えなくなったり、災害で学校がなくなってしまうこともあります。学校に行けなくなった子どもたちは、家計を助けるために、都市へ出稼ぎに行ったり、路上で働かざるを得なくなってしまいます。

社会が災害からの復興に力を注いでいる一方で、子どもたちには十分な支援の手がまわらず、被災して精神的にも不安定になった子どもたちが、社会からはじき出されてストリートチルドレンになるケースも決して少なくありません。紛争の多い地域では、騒乱や暴動が起こるたびに、子どもたちが路上にはじき出されます。

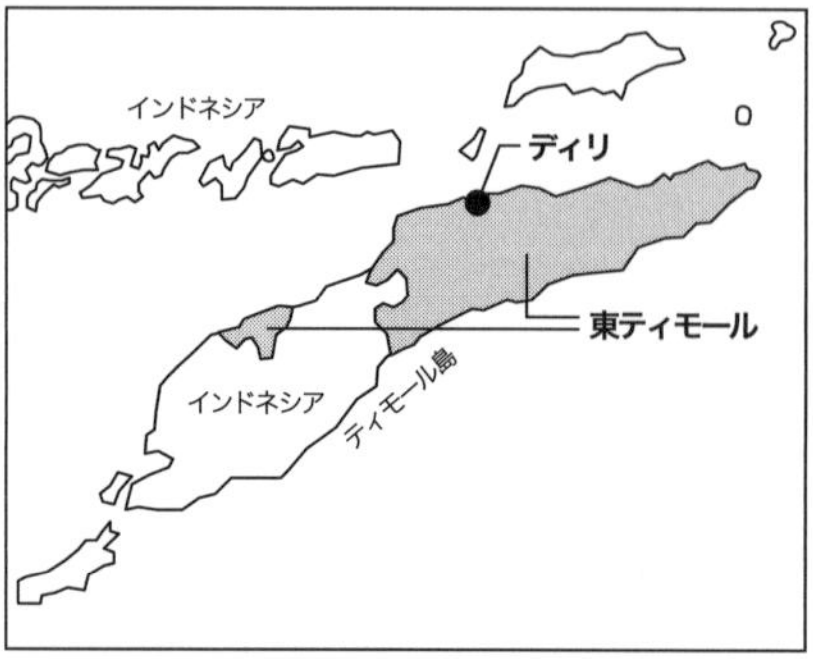

21世紀になって最初に独立した東ティモールは長年にわたり諸外国の干渉を受けてきました。16世紀からポルトガルの支配を受け、第2次世界大戦中には一時、日本に占拠されました。戦後、ふたたびポルトガルの支配下に置かれ、１９７５年ポルトガルが植民地支配を放棄したのと入れ替わるように、今度はインドネシアによって支配され、02年5月になって、ようやく独立を果たすことができました。

しかし独立もつかの間、国民同士の軋轢《あつれき》の高まりから06年、首都ディリで大規模な騒乱が起こりました。街は武装勢力によって破壊され、治安は一気に悪化し、避難民の数も一時は15万人にも上りました。

家を破壊され、その後ストリートチルドレンとなったセザール(17歳)は、私たちにこう話してくれました。

「これまで仲がよかった近所の人たちが突然ぼくの家を襲ったんだ。怖くなって親戚の家に逃げたんだけど、そこでも安心できなかったから山の上まで避難した。数日後、家にもどってきたときには家は跡形もなく破壊されていた。家族もばらばらになり、ぼくは住む場所がなくなってストリートで暮らすようになったんだ」

２００６年の騒乱で廃墟と化したディリ市のコモロ市場

セザールは、騒乱が続く街の中で自分の身を守るためにギャングの集団に入るしか道がありませんでした。ギャングは街中を徘徊《はいかい》しては、投石や暴力行為をくり返し、泥棒や略奪などの犯罪をおこないます。町の治安をさらに混乱させ、平穏な生活をとりもどしていく障害になります。仕事もなくストレスの発散のやり場がない十代の子どもたちが、このような不法なギャングの集団に身を投じてしまう危険性が高いのです。

第3章
世界のストリートチルドレンと私たち

世界中にいるストリートチルドレン

ストリートチルドレンは、開発途上国にかぎられたことではありません。下の表を見てください。これらの国ぐにを訪れると、街中でストリートチルドレンたちを目にすることがあります。また、ここに挙げた国以外にも、たくさんのストリートチルドレンがいます。

世界には、どのくらいのストリートチルドレンがいるのでしょうか。じつは、ストリートチルドレンの数を正確に数えることはそれほど容易ではありません。

国連児童基金（ユニセフ）が公表している『世界子供白書2006』などによると、世界には1億人から1億5000万人ものストリートチルドレンがいると大まかに推計されています。これは、世界人口の約40人から60人に1人の割合です。近年では、世界人口の増加や多くの国ぐにの近代化に伴い、ストリートチルドレンの数はさらに増加しているといわれています。

なぜ、ストリートチルドレンの数を正確に数えることが困難なのでしょう

■ストリートチルドレンが多く見られる国

アジア	カンボジア、インド、インドネシア、フィリピン、ベトナム
アフリカ	アンゴラ、ブルンディ、カメルーン、チャド、コンゴ民主共和国、エチオピア、ケニア、ルワンダ、シエラレオネ、スーダン、タンザニア、ジンバブエ
南米	ブラジル、コロンビア、エクアドル、グアテマラ、ホンジュラス、ジャマイカ、メキシコ、ニカラグア、ベネズエラ
中東・イスラム圏	エジプト、トルコ
ヨーロッパ	ロシア、ウクライナ

出典：『ユニセフ世界子供白書 2006』より

か。それは、ストリートチルドレンの実態が多様であり、ストリートチルドレンの定義づけがむずかしいからです。

ユニセフの定義は、「路上にいる18歳未満の子どもで、路上で生活をしているが、適切に保護されない者」（86年）とし、国際労働機関（ＩＬＯ）の定義は、「街頭にいる子どものことで、街頭を常駐の住家にしており、適切な保護を受けていない者」（98年）としています。この２つの定義では、「子ども」の年齢をどのように定めるか、帰るべき「家」がある者を含めるかどうかといった点について、見解が多少異なっています。このように、ストリートチルドレンに関する国際社会の共通認識がまだないのです。

ストリートチルドレンってどんな子ども？

ユニセフは、ストリートチルドレンを家庭とのつながりの程度に応じてつぎの３つに分類しています。

①路上にいる子ども

②路上に住む子ども

③家族に捨てられた子ども

①の路上にいる子どもは、昼は路上で多くの時間を過ごすものの、夜になると帰る家があります。

②の路上に住む子どもは、家族との接触はまだあるものの、路上を主な生活の場としています。

③の家族に捨てられた子どもは、家族との縁が切れているため、帰る家もなく路上において自力で生活しています。

また、べつの研究によると、ストリートチルドレンを

①路上で生活している子ども

②路上で仕事をしている子ども

③路上で生活をしている家族の子ども

と分類しています。

①は、もともと家族や両親がいない孤児であるか、または家族がいるとしてもどこかべつの場所で生活しているため、ほとんど会う機会を持たない子どものことを指します。

②は、文字通り、路上に出て何らかの労働に従事している子どもです。

③は、家族全員が路上で生活しているため、家族と過ごす時間が多い子どもを指します。

これらの分類のほかにも、さまざまな機関や研究者らが、独自の方法でストリートチルドレンを定義または分類し、研究しています。

このように、ストリートチルドレンと一言でいってもその定義は多様で、家計を助けるために路上に出る子ども、育児放棄や虐待の被害にあい、家を飛び出て路上で生活するようになった子どもなど、一人ひとりによって状況が大きく異なっています。しかし、定義や状況はどうあれ、毎日の生活時間の大部分を路上で過ごしているため、適切な保護を受けられない、つねに危険にさらされている子どもたちであることには違いありません。

どんな暮らしをしているの？

ストリートチルドレンは、どんな生活をしているのでしょう。特徴的な点を次の表にまとめました。このような生活をおくる子どもたちがたくさんいることを想像してみてください。

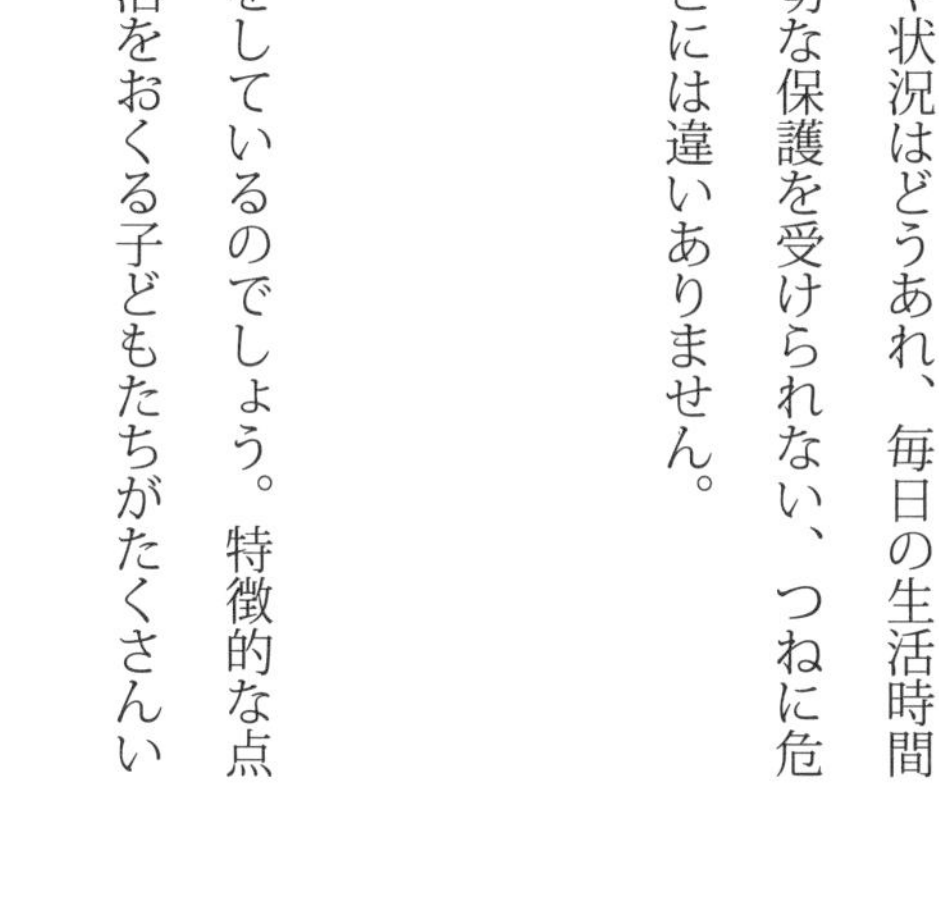

歩道で眠るストリートチルドレンと家族

■ストリートチルドレンは……

学校に行かれない	大半の子どもが教育を受けられずにいる。
毎日がサバイバル	毎日の生活時間の大部分を路上で過ごしているため、日常的に多くの危険にさらされている。そのため同様の境遇に置かれた他の子どもたちと生活の場を共有するグループを作り、行動を共にするなどしている。何かあった時に一人でいるよりも安全だから。彼らにとって、自分や気の合う仲間以外は信じることのできない存在であり、毎日がサバイバルといえる。
体調・発育不良の子が多い	屋外生活のため、風雨や暑さ、寒さの影響を受けやすく、風邪を引いたり体調を崩したりと病気にかかりやすい。きちんとした食事をとる機会がかぎられているため、成長期に必要な栄養分を摂ることができず、発育不全の子どもが多くいる。
児童労働・人身売買の被害にあう	社会的立場が弱いため、危険の伴う場所での労働に従事していたり、マフィアやギャングの集団に引きずり込まれたり、人身売買の被害にあったり、性的被害や虐待などの被害者になっている。
麻薬やエイズで命の危険にさらされる	つらい毎日の現状を一時でも忘れるために麻薬に手を出したり、日々を生き延びるために性産業に従事するなどして、エイズなどの性感染症に罹患《りかん》する子どももいる。病気にかかっても、適切な診断や治療を受けたりすることができないばあいがほとんど。
犯罪に手を染めてしまう	毎日を生き延びるために、店先から食べ物を盗んだり、窃盗や空き巣などの犯罪に手を染め、刑務所や少年院を出たり入ったりをくり返す子どもたちがいる。
怒りと絶望に満ちている	生活の場は、身体的にも精神的にも健全に成長できる環境とは程遠い。将来への夢や希望が持てず、怒りや絶望を心に抱えていたり、情緒不安定になってしまう子どもたちが多くいる。

では、社会はストリートチルドレンをどのように見ているのでしょう。

残念ながら、ストリートチルドレンを抱える国ぐにの多くは、子どもたちに対して否定的で、偏見や疑い、怖れを抱いています。ストリートチルドレンが社会にとって脅威であり、反社会的行為や非行・犯罪に関わる存在であるという先入観がはびこり、苦境に置かれた多くの子どもたちが嫌悪され、無視され、蔑まれています。犯罪が起こり犯人が見つからないときには、そこにたむろしていたというだけで罪を着せられたり、不当な暴力を受けたり、また一部の国では、政府当局の掃討作戦によって子どもたちが殺害されているという報告が人権団体から報告されています。

貧困と憎しみ、怖れの連鎖の中で、ストリートチルドレンの問題は解決に向かうどころか、状況の悪循環の一途をたどるばかりです。

なぜ、世界には多くのストリートチルドレンがいるの？

ストリートチルドレンが生まれる原因は多数あるといわれていますが、主なものとしてはつぎの３つが考えられています。

グループを作り、シンナー吸引に明け暮れるストリートチルドレン

①農村社会の都市志向

国の経済が発展するにつれて、農村部の人びとがより豊かで便利な生活を求めて都市部へ流入し、都市部が徐々に肥大化しますが、仕事の数はかぎられていて、すべての人びとが思うような仕事を得られるとはかぎりません。結果として、多くの人びとが経済的に困難な状況に陥り、その影響で子どもが路上に出てしまうといった現象が起きてしまいます。

②家庭内のトラブル

とりわけ開発途上国には、家族を養うため、父親または母親が出稼ぎに出て、長期間家を不在にしているため、何年もの間、父親または母親と顔を合わせていない子どもがたくさんいます。そうした家庭では不和が生じやすく、親の離婚・再婚などで新しい家族ができてもうまく馴染《なじ》めなかったり、ときにはいじめられたりして、家に居づらくなるケースが多くあります。

また、途上国では家族の規模が大きく、そのため子ども一人ひとりが十分な保護や教育を受けられないといったケースも報告されています。貧困のために両親も教育を受けておらず、教育の重要性への認識が低いため、小さい頃から学校にも行かず毎日労働に従事する子どもが後を絶ちません。こうし

フィリピンのマニラにそびえ立つ高層ビル群

た状況が、ストリートチルドレンが生じやすい状況を助長しています。

③戦争や自然災害

たとえば現在のイラクでは、戦争の影響で家族を失い、住む家を失った多くの子どもたちが路上でさまよい、学校に行けないどころか、食べものと身の安全を求めて毎日生き延びるだけで精一杯の生活をしています。首都のバグダッドではいまだ治安も回復せず、ストリートチルドレンにとっては毎日が文字通りの闘いです。

２００５年、２００６年にそれぞれ大規模地震が発生したパキスタンやインドネシアでは、地震発生直後、子どもたちが人身売買に巻き込まれるケースが多くありました。住み家や家族を失って路上に追いやられた子どもの数が増加し、金儲けを目的として子どもを海外に売り飛ばすマフィアに狙われたのです。

アジアのストリートチルドレン

ここまでベトナム、カンボジア、フィリピンのストリートチルドレンの様

パキスタン北部地震では多くの人びとが家を失った

子を中心に見てきましたが、それ以外のアジアにも目をむけてみましょう。

●インドネシア

インドネシアでは、社会の保守的な価値観のため、80年代ころまでストリートチルドレンの存在がタブー視されていましたが、いまでは政府もその存在を公式に認めています。現在、約2億４０００万人のインドネシアの全人口のうち、未成年者は1億人ほどと推計されていますが、そのうちの１７０万人がストリートチルドレンだといわれています。１９９７年にインドネシアを直撃したアジア通貨危機*の後には、ストリートチルドレンの数が急激に増えました。

首都のほかにも、ジョグジャカルタ、メダン、スラバヤといった各地方都市にも多くのストリートチルドレンがいると報告されています。

●インド

世界第2位の規模の人口約11億人を抱えるインドには、１１０万人ものストリートチルドレンがいると推計されており、とくに世界最大級ともいわれるスラムがあるムンバイやコルカタ、デリーなどの大都市にはそれぞれ10万人規模でいると報告されています。一部の研究者の間では、これらの推計値

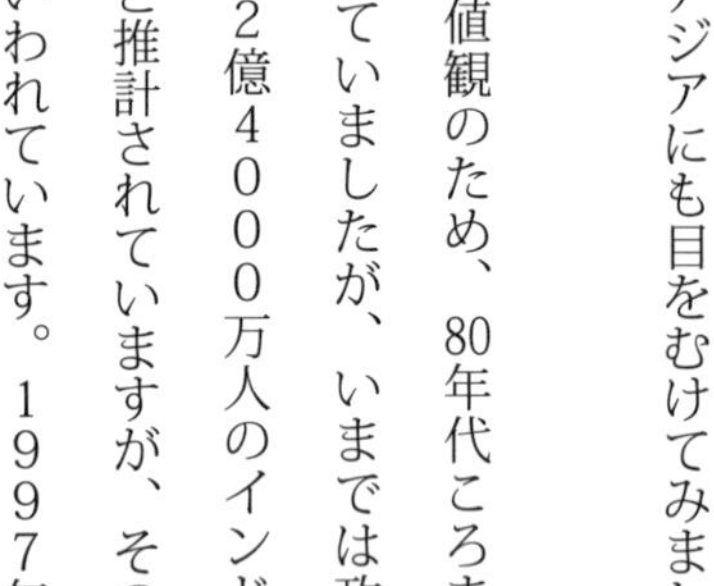

アジア通貨危機：97年7月よりタイを中心に始まった、アジア各国の急激な通貨下落（減価）現象。

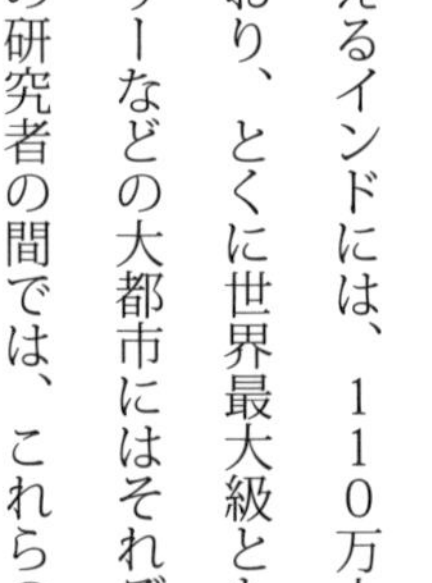

演奏を聞かせてお金をもらう子どもたち（インドネシア、ジャカルタ）

よりもっと多くのストリートチルドレンがいると考えられており、世界でもっともストリートチルドレンの数が多い国の一つです。街角やゴミ捨て場でリサイクル可能なものを探していたりするストリートチルドレンの様子が日常の光景になっています。

●バングラデシュ

アジアでも最貧国の一つ[*]とされるバングラデシュでは、約１億５０００万人の全人口のうち40万人がストリートチルドレンであるといわれています。そのうち３万人程度が性産業に巻き込まれており、その半数以上が女子とされています。

バングラデシュはイスラム教の影響などもあり、社会に保守的な考え方が強いため、子どもの性的虐待や搾取はタブー視されて家庭や関係者の中で隠ぺいされ、なかなか社会問題にされることがありません。政府当局も半ば黙殺し、そのことが問題の解決をむずかしくしています。

●モンゴル

全人口が約２５０万人のモンゴルでは、人口の３分の１から半数が首都ウランバートルに住んでいるといわれています。90年代初頭のソビエト連邦

線路脇に不法に小屋を建てて生活する人びと（バングラデシュ、ダッカ）

最貧国：正式には「後発開発途上国」（ＬＤＣ）という国連が定めた分類の一つで、途上国の中でも特に開発が遅れている国ぐにをさす。

の崩壊に伴い、社会主義から資本主義経済体制への急な移行によって貧富の格差が拡大し、ウランバートルのストリートチルドレンの人数が増加しました。厳しい冬の寒さから逃れるためマンホールに住み着いた「マンホールチルドレン」や、ゴミ集積場で食べ物をあさったり、リサイクルできそうなものを回収して日銭を稼ぐ子どもたちがいます。その数は数千人規模といわれています。

日本には社会的に問題になるほどのストリートチルドレンがいないとされていますが、それは世界でも例外的なことで、身近にストリートチルドレンを目にすることの方が、世界では「普通」のことなのです。世界を見ると、ストリートチルドレンの数はなかなか減ることがありません。

日本に生まれ育った私たちにとって、ストリートチルドレンの存在は想像しがたいことかもしれませんが、もし機会があれば、いつの日かこれらの国ぐにを訪れて、自分の目で見てほしいと思っています。

第4章
未来を奪われた子どもたち

保護する施設はないの？

カンボジア、フィリピンなどアジアの国ぐにには、路上で生活している子どもたちを保護する施設がたくさんあります。外国のＮＧＯだけでなく、現地のＮＧＯや政府関係などさまざまな組織、機関がその運営に携わっています。

ストリートチルドレンや貧しくて学校に通えない子どもたちが利用できるデイケアセンターや路上生活をしている子どもたちが寝泊りできる児童支援施設、技術を身に付けるための職業訓練センター、薬物中毒など専門的な治療が必要とされる子どもたちを収容するリハビリテーションセンターなど、保護施設にはさまざまなものがあります。

路上で悲惨な毎日を送っている子どもたちは、すすんでこうした施設に助けを求めればいいのにと思いませんか？

保護施設がもっと増えれば、ストリートチルドレンがいなくなるはずなのに、と思った人はいませんか？

政府が運営している薬物依存症の子どもたちを保護するリハビリテーションセンター（フィリピン）

私たちもはじめは、そう考えていました。しかし、現地のいろいろな施設を訪れているうちに、保護施設が増えさえすれば子どもたちの問題は解決するという考えは、あまりにも単純で問題の一面しか見ていないことを痛感したのです。

保護施設での生活は、子どもたちにとって必ずしも居心地がいいとはかぎりません。

たとえば、ベトナムのホーチミン市にある児童教育訓練センターでは、子どもたちに非常にきびしい教育がなされていました。食事はかぎられた時間内に全員が一斉にすませなければならず、食事がすむと号令で一列に並び、号令で食堂を後にします。子どもたちに自由はほとんどなく、まるで収容所でした。

カンボジアの現地ＮＧＯが運営している児童支援施設では、とても汚れた服を着た子どもたちが私たちを迎えてくれました。施設のスタッフは、「カンボジアは貧しい国なので、子どもたちがこの施設を出た後もきびしい生活が待っています。ですからここでは決してぜいたくはさせず、子どもたちの現状に合わせた生活を提供しています」と説明しました。

ベトナムの保護施設

カンボジアの保護施設

たいていの施設で、子どもたちが規則正しい生活を身につけるために毎朝決められた時間に起き、決められた時間に食事を取り、決められた時間に寝るといった生活をしています。

私たちにとって規則正しい生活は当たり前なことかもしれませんが、施設で暮らすようになってからも、ゴミ箱から空き缶などを拾う習性の抜けない子もいます。もう食べる心配をしなくていいと頭ではわかっていても、お金になるゴミを見つけたら仲間より早く手に入れなければという習慣から抜け出せない子どももいるのです。

長い間路上で自由気ままに生きてきた子どもたちにとって、規則正しい生活は自由を奪われているように感じられ、決して居心地がいいものではないのです。規則を破るとスタッフからしかられることもあります。教育もきびしくおこなわれます。そんな生活を窮屈に感じ、しばらくすると施設から逃げ出してしまう子が少なくありません。

15歳はもう大人？

保護施設の問題はそれだけではありませんでした。カンボジアのバッタンバンにある児童支援施設に入っていた少年が、こんな話をしてくれました。

「ぼくは7年前にこの施設にやってきたんだ。でも、ぼくはもう大きいからもうすぐここを出なくてはいけないんだ」

少年の年齢は、15歳です。私たちは、カンボジアやベトナムなど各国の現地NGOスタッフや子どもたちに話を聞くうちに、「15歳」という年齢がストリートチルドレンの支援の境界線となっていることを知りました。

子どもたちは日々成長していきますが、施設の収容人数や子どもたちの面倒を見るスタッフの人数にはかぎりがあります。子どもは成長すればするほど学費や食費が多くかかります。路上で暮らす幼い子どもを新たに施設で受け入れるために、年長の子どもたちが順繰りに施設を出ていかなければならないのです。

おなじ「子ども」でも、年齢が高いというだけで支援を受けられない現実

16〜17歳になるともう大人と変わらない扱いを受ける

があるのです。

その境い目となる年齢が「15歳」でした。

背景には、幼い子どもの方が圧倒的に弱い存在であるという考えと、15歳ぐらいになると思春期を迎え扱い方がむずかしくなるという事情もあります。しかし、もしも幼い子どもだけに支援が集中したら、「優先順位」から漏れてしまう15歳ぐらいの子どもはどうなるのでしょうか。

15歳といえば日本では中学3年生、あるいは高校1年生です。日本では修学旅行シーズンになると、地方から多くの中高生が東京にある私たちの事務局を訪れます。私たちはいつも日本の子どもたちに、「もし君たちのご両親がある日突然、『もう家を出て一人でやっていきなさい』といったら、みなさんはどうしますか」と質問をします。

これまで何百人もの中高生におなじ質問をしてきましたが、だれ一人として「自分一人でもちゃんとやっていける」と答えた子どもはいませんでした。

カンボジアやフィリピンの子どもたちもおなじです。15歳はまだ「自立した生活」を送れる年齢ではありません。施設を出た子どもたちは、ふたたび路上生活へと舞い戻ってしまうケースが少なくありません。

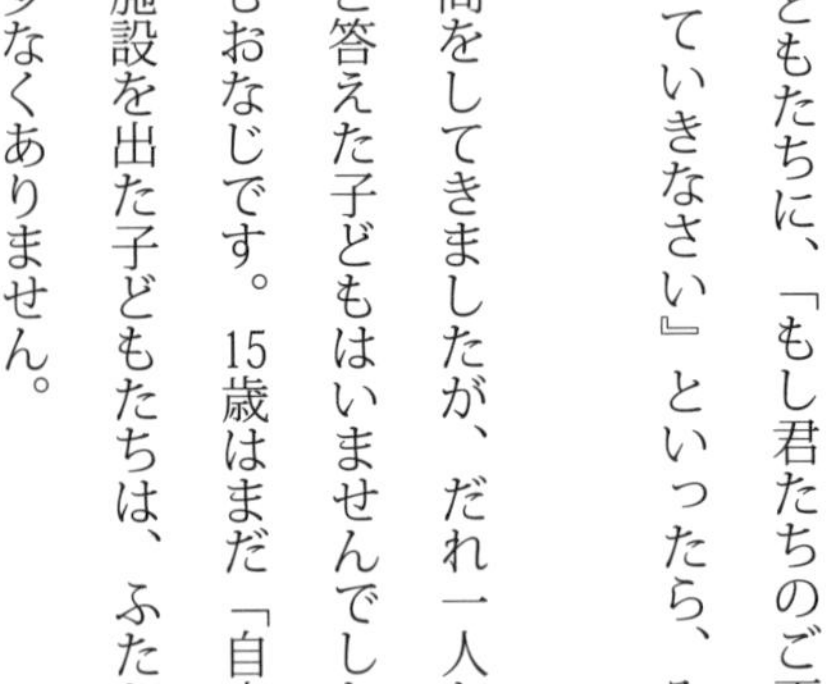

修学旅行の一環で、「国境なき子どもたち」の事務局を訪問する中学生。ストリートチルドレンについての質問や意見が飛び交う

幼い５歳ぐらいの子どもと15歳の子どもとでは、おなじ路上生活でもべつの危険にさらされます。５歳の子は栄養失調や感染症で命を奪われる危険がありますが、15歳の子は、暴力や犯罪に巻き込まれたり、性的搾取の犠牲になるなど、生きながら人間としての尊厳を奪われてしまいかねないのです。

刑務所と路上を行ったり来たりする子どもたち

複雑な家庭環境で育ち、ばあいによっては親にまで見捨てられ、行き場がなくなったストリートチルドレンたちはだれからも愛情を受けることなく成長していきます。そんな環境で生き抜いてきた子どもたちの心はとても傷つきやすく、また、人を信じることさえもむずかしくなっています。

ストリートチルドレンは、お腹が空いたときはレストランでお客が残した料理をあさったり、店で売っている食べ物を盗んだりします。また、現金を得るために通行人のバッグをひったくることもあります。

その日を生きるためには盗みや引ったくりなどの犯罪も平気でやりますが、彼らが犯す罪は生きるためだけとはかぎりません。ささいなことでもすぐに感情的になり暴力をふるってしまい、傷害などの事件を起こします。自分の感情を抑えることすら教えられずにきたのです。

18歳のロデル（仮名）もそんな子どもの一人でした。いま彼は、私たちがフィリピンで運営している自立支援施設「若者の家」で生活しています。「若者の家」とは、地域社会の一員として精神的にも経済的にも自立するための準備期間を提供することを目的とした施設です。

ロデルは、04年まで刑務所にいましたが、私たちが身元引受人になって釈放され、「若者の家」にやってきました。当初、彼の顔はきびしく何かに怯えているようでしたが、数週間が経つと表情は和らぎ、笑顔が絶えないとても活発な青年に変わっていきました。そして識字教育にも熱心に参加するようになりました。

しかし、ロデルがちょっとしたいたずらをした際、あるスタッフが軽く注意したときでした。それまで機嫌がよかったロデルの顔が一変し、突然家を飛び出してしまったのです。スタッフがあわてて後を追いましたがロデルの姿はありませんでした。

幸い夕方にはもどってきましたが、飛び出した理由を聞くと「信じていたお兄さんに『家を出て行け』といわれてショックだった」と、うつむきながら答えました。

そのスタッフは「家を出て行け」などとは言っていません。それでも、いつもやさしくしてくれていたスタッフに注意されたことにおどろき、自分はもう見放されたと思い込んでしまったのです。親からも見放され傷つきやすくなっている彼は、ちょっとした言葉にも過敏に反応します。

このようにささいなことで感情的になるストリートチルドレンたちを、世間の人びとは「危険な存在」と見なします。

「お宅の少年が石を投げつけてうちの窓ガラスを割った！　出て行け！」

「若者の家」の近くの住民たちがすごい剣幕で事務所に乗り込んできて、私たちにこの場所から出て行くよう要求してきたこともあります。

「その少年が石を投げたところを見たのですか？」

「そんなもの見ていないけど、どうせお宅の子がやったにちがいないんだ。ストリートチルドレンの集まりなんだから！」

一事が万事この調子で、たしかな証拠がないにもかかわらず何か事件が起きるとストリートチルドレンだったという経歴だけでまっ先に疑われてしまま

「若者の家」の周辺

うのです。「若者の家」にいる子どもたちにさえそうなのですから、路上で生活している子どもたちは何かにつけてつらい目にあっています。

明日を生きるために盗みをし、つねに何かに怯えているためにささいなことで人に危害を加えてしまう。彼らは犯罪と隣り合わせの生活で、路上生活と刑務所暮らしを行ったり来たりの人生を余儀なくされています。そしてこのストリートチルドレンを収容する刑務所もまた壮絶な環境にあるのです。

この世とは思えない刑務所の惨状

2000年、私たちがはじめてフィリピンのマニラにある刑務所を訪れたときのことです。

犯罪に手を染めた子どもたちが収容されているこの刑務所は、この世とは思えないほどひどい環境でした。薄暗くて湿った狭い監房に何十人もの人たちが押し込められていました。監房には鉄製の二段ベッドが8人分ありました。一人分のベッドスペースに二人ずつ横になることができますが、もちろんそのベッドに全員が寝られるわけではありません。ほとんどの囚人はコン

収監されている未成年者のなかには、まだあどけない顔をしている子もいた

通路の両脇から囚人たちが手を伸ばしてきた

クリートの床にひしめき合いながら寝ています。固い床に横にさえもなれない人たちは、ひざを抱えて座った体勢で寝なければなりません。

監房の隅に二つのトイレが設置されていました。トイレといっても高さ50センチほどの囲いがあるだけで、しゃがんだときにかろうじて腰が隠れる程度の低い囲いです。その囲いの中央に便器があり、水の入ったバケツが便器の横に置いてあります。小さな手桶でバケツの水を汲んで流し、自分の足した用を始末します。囚人たちは、人に見られていることを意識しながらトイレをすませなければなりません。

毎日シャワーを浴びることができないので、トイレの臭いと囚人たちの体臭、そして消毒液のような臭いが入り混じり、とても呼吸ができるような空気ではありませんでした。

囚人たちが収容されている監房の間を進むと、外から来た私たちが珍しいのか、私たちの体に触れようと囚人たちが必死に手を伸ばしてきます。通路を挟んで左右の檻から私たちに伸びてくる無数の腕は、あたかも地獄絵に出てきそうな光景でした。

この刑務所には殺人や強盗などの凶悪犯罪を犯した大人たちに交じって未

衛生環境も悪く、臭いも強烈だ

成年者も多く収容されていました。私たちを案内してくれた刑務所のスタッフが人目をはばかるようにこっそりと教えてくれました。

「受刑者は、刑務所内の敷地内であっても建物の外に出ることさえ許されない。想像を超えるストレスと劣悪な衛生環境のために皮膚病にかかる子どもが大勢いる。なかには成人の受刑者からのいじめや暴力なども受けている子もたくさんいる」

まだあどけなさが残る子どもたちの顔は、子どもとは思えないほどきびしい表情をしていました。刑務所にはさらにおどろくべき事実がありました。

フィリピンでは、未成年法に明るい公選弁護人や裁判官の数が不足しているため、刑務所に収監されてから裁判が実際におこなわれるまで、常識では考えられないほどの長期間待たされるのです。

たとえば、パンを一つ盗んで逮捕されたばあいでも、裁判が開かれるまで数カ月、ばあいによっては1年以上も大人とおなじ刑務所に収監され続けなければならないのです。そして実際に裁判が開かれたときの判決が懲役1カ月、すなわち刑務所に収監されるのがさらに1カ月延びる、ということもあるのです。

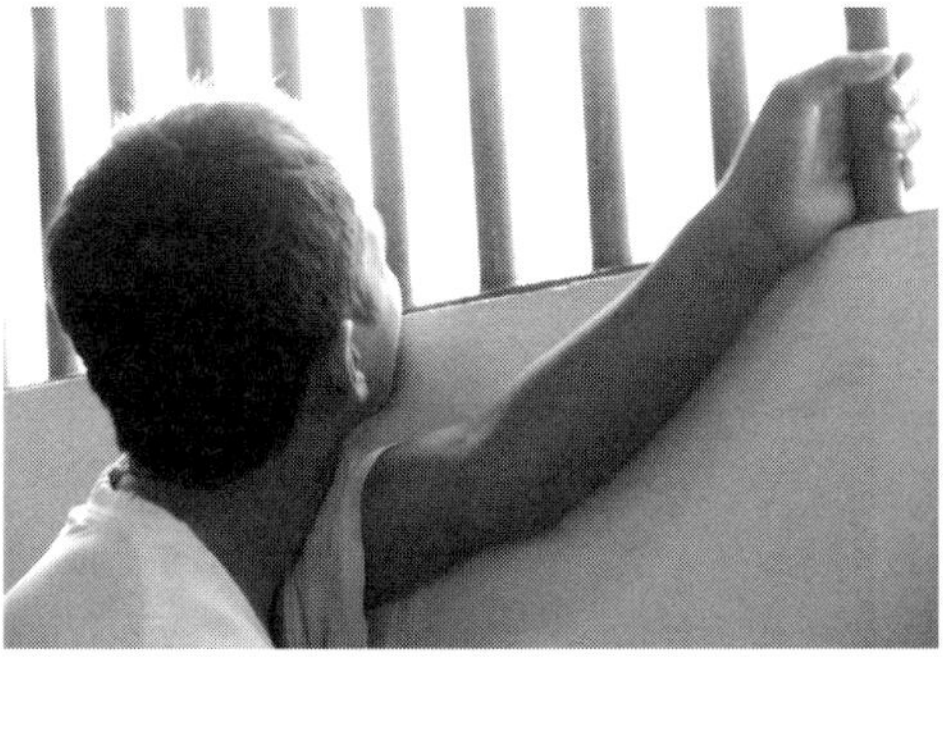

刑務所では一切の自由が制限されてしまう

未成年の受刑者をとりまく環境は、彼らに精神的にも大きなダメージを与えるばかりだけでなく教育を受ける機会をも奪っています。マニラ首都圏のある刑務所では、犯罪者の更生や社会復帰のために収監するのではなく、「懲罰」のために彼らを収監していました。たとえば、読み書きができず手に職もないため生きるために犯罪に手を染めざるを得なかった17歳の少年は、懲役3年の刑期を終え出所しても、読み書きのできない20歳のままでした。彼らは何の社会復帰のための手助けもなく社会に放り出され、また犯罪と隣り合わせの生活を送るしかなく、路上生活と刑務所暮らしを行ったり来たりすることになってしまいます。

私たちは、2001年から刑務所での支援活動*を始めました。罪を犯したとはいえ、子どもたちの基本的な人権まで奪われたままで放置されてよいはずはありません。子どもたちに面会する活動を通して刑務所にいる期間の彼らの人生が空白の時間にならないよう、識字教育や職業訓練、レクリエーションの機会を提供し、食べものなどの差し入れをおこなっています。子どもたちが社会復帰するときのことを考えての準備です。

2006年、アメリカのテレビ番組がフィリピンの刑務所の現状を取材し

刑務所での支援活動：長期間不当に収監されている子どもには、法律的な手続きを促進させ、早期釈放を実現してきた。

て全米に放映しました。これを機に、フィリピンでは未成年受刑者に対する法律が改正され、私たちが訪れている刑務所では未成年者と成人を別べつの施設に収容しています。しかし、衛生状況が悪い、教育が受けられないなどの状況はあまり変わっていません。ちなみにカンボジアの刑務所では、いまでも成人と未成年者がおなじ刑務所に収容され、悲惨な環境におかれています。

ビデオ作品「トラフィックト・チルドレン ――親に売られた子どもたち」

カンボジアの「若者の家」では、子どもたちが「ビデオワークショップ」に取り組んでいます。これは子どもたちが自主ビデオを制作するワークショップで、自分たちの体験を元にストーリーを考え、自分たちで出演し、撮影もこなして、ビデオ作品を完成させるのです。

「トラフィックト・チルドレン――親に売られた子どもたち」と題されたビデオ作品を紹介しましょう。あらすじはつぎのようなものです。

タイ・カンボジア国境でのロケ。本格的な撮影をしてビデオ制作に取り組んでいる

カンボジアのある農村。貧困家庭に生まれた少年ヤーの家に「トラフィッカー」と呼ばれる人買いの女が訪ねてきました。女はその家の母親に話しかけました。

「お宅は息子を学校にも行かせていないっていうじゃない。ほんとうなの？」

するとと母親は答えました。

「はい。うちは貧しく夫も病気で働けないので、私とこの子が一生懸命働かないと家族が食べていけないのです」

すると人買いの女は言いました。

「あらそう、それは大変ね。でもちょうどいい話があるの。お宅の息子をしばらく私に預けない？　心配いらないわ。いい仕事があるの。かんたんな仕事よ。もちろん仕事の合間に学校に行くこともできるし、ここに帰ってくるころにはたくさんお金が貯まっているはずよ」

「はあ……。でも、いまこの子を連れて行かれたら私たちは食べていくことができないんです」

「大丈夫よ。心配しないで。息子さんの稼ぎを少し前払いしましょう。

人身売買の被害に遭った子どもにインタビューをするビデオチーム

ここに１０００バーツ（約２８００円）あるから当分これで生活しなさい。これがなくなるまでには息子さんの稼ぎが仕送りできるから……」

１０００バーツは母親とヤーが一生懸命働いて稼ぐ1カ月分の収入にもなります。その日をなんとか生活しているこの母親にとって、１０００バーツはとても高額に見えました。

（このお金さえあれば、私一人が働いてもやって行けるわ。この子だってしばらくすればたくさん稼いでもどってきてくれる。そうしたらいまみたいな生活をしないですむかもしれない……）

母親は心の中でこんなことをつぶやいたのかもしれません。

「わかったわ。あなたに息子を預けます」

ヤーは、人買いの女と１０００バーツを受け取った母親との取引きの一部始終を見ていました。

ヤーはタイへと連れて行かれました。

人買いの女は、ヤーにキャンディーやガムなどを観光客相手に売る仕事をさせました。炎天下、ヤーは一日中キャンディーやガムを売り歩きました。よく売れることもありますが、まったく売れないときもありま

炎天下、キャンディを売るヤー（ビデオ作品より）

す。疲れてくたくたになって女の元に戻るのですが、そんな日は、女の顔色がみるみる変わり、「なんでこれぽっちしか稼げないんだ！　今日一日いったいどこにいたんだい！　疲れたふりして、どこかで昼寝でもしていたんだろ！」と怒鳴ります。

それだけではありません。女から殴《なぐ》る蹴《け》るなどの暴行を加えられ、食事も食べさせてもらえません。

せっかく稼いでも売り上げのほとんどを女に取られてしまう。そして売り上げが少ないと暴力をふるわれる。そんな生活に耐え切れなくなったヤーは逃げることを決心しました。

しかし、タイに知り合いはいません。お金を持っていないヤーは一人で物乞いをするしかなかったのです。

あるとき警察に呼び止められました。

「おい、お前。ここで物乞いをやっちゃいかん。どこかほかのところへ消えろ」

カンボジア人のヤーはタイ語がわからないため警察の言っている意味がわかりませんでした。ヤーをあやしいと感じた警官はさらにきびしく問い詰めました。追いつめられたヤーはクメール語（カンボジア語）を発してしまったのです。

カンボジア人であることがばれてしまったヤーは、不法入国の罪に問われてそのまま警察に連行され刑務所に入れられてしまいました。

数日後、カンボジアに強制送還され、やっとの思いで家にたどり着きました。しかし、病気がちだった父親はすでにこの世を去っていたのです。

ヤーは希望を失い、シンナーを吸う毎日を送りました。そして友だちを連れてふたたびタイへと旅立っていきました。人買いの女さえいなければ、稼ぎが全部自分のものになるはずだ、ヤーにはそう考えるほかに希望はなかったのです。


このビデオワークショップでは、たんにビデオカメラで遊ぶのではなく、カメラや三脚の使い方、撮影技術、作品の構成、インタビューや編集など、ビデオ制作を本格的に学んでいきます。参加者は班ごとに分かれ、監督係、カメラマン係、アシスタント係と３つの役割を担います。子どもたちに役割

友だちが画面に映ると、ついつい噴き出してしまうビデオチームのメンバーたち

を分担させることによって仕事に責任を持つ体験をさせます。

はじめて触るカメラに最初はおどおどしながらも自分の友だちが画面に映っていることに興奮し、歌手のまねをして歌い出す子ども、テレビレポーターになりきってインタビューしはじめる子どもなど、ビデオ制作が進んでいきます。

これまで制作した「ストリートチルドレン」や「トラフィックト・チルドレン」の作品の内容はすべて自分たちが体験してきたことです。ビデオ制作を通じて自分たちの体験を客観的に見つめ直し、恵まれない環境にいる自分たちの存在を社会に伝えることを目的にしています。そして、自分たちだけでやり遂げた経験は、彼らの自信へとつながっていくのです。

自分の「値段」を知っている子どもたち

日本の子どもたちはたくさんの機会に恵まれています。教育を受けること、新しい服を着ること、誕生日にプレゼントをもらうこと、まだまだたくさんあります。しかし、こうした機会に恵まれている子どもたちばかりではありません。世界にはこのビデオに出てくるような子どもたちが多く実在するのです。人は生まれる国を選ぶことはできません。生まれてきた国がちがうだけでこんなに差が出てきてしまうのです。

トラフィックト・チルドレンだった子どもたちに、トラフィッカーが家に来たときの話を聞くと、ほとんどの子どもたちが「ぼくの値段は○○だった」と答えます。彼らにとっては、トラフィッカーに暴力を振るわれたことよりも「自分につけられた値段」の方が心に深い傷として残っています。

そして、一度ストリートチルドレンになってしまうと、そこからはい上がることは決して容易なことではありません。運よくＮＧＯなどの施設に保護されたとしても、いつまでもそこにいることはできません。路上ではつねに犯罪と隣り合わせで、路上と刑務所を行ったり来たりの人生です。

家があり家族がいても、貧しい生活がつづけば、いつトラフィッカーに売り渡されてしまうかもしれません。理不尽な生活を強いられていても、そこから抜け出すすべも力も持ち合わせていない子どもたちです。彼らに未来を届けるために、私たちにできることはあるのでしょうか。

きびしい路上生活のため、するどい目をしているストリートチルドレンが多い

第5章
ストリートチルドレンが必要とするものはなんだろう

プールへ行こう

ストリートチルドレンが必要としているものは何なのでしょうか。

路上で寝起きしているということは、住む家がないということです。ボロボロの服を着ているということは、着替えの服を持っていないのでしょう。路上やゴミ山で朝から晩まで働かなくてはならないのは、食べるためにお金を得るためです。

つまり、子どもたちには衣食住、人が生活していくうえで必要なものが決定的に欠けているのです。私たちは、これらのものをストリートチルドレンに提供することから活動をはじめました。

では、衣食住が足りればそれでいいのでしょうか。

日本で生活する私たち自身の生活を振り返ってみれば、それだけで生きていけるというものでもありません。家族のあたたかみや、教育によって得られる人間形成のほか、音楽や本、映画などの楽しみ、友人との語らい、趣味やスポーツをして過ごす時間、そして、将来への夢。また、仕事、家庭や地域での役割など、社会の一員として果たすべき責務、これも私たちにとっては義務であると同時に生きていくうえで欠かすことのできない要素なのです。

ストリートチルドレンはそれまで何一つ持っていなかったのだから、せめて衣食住だけでも整えばそれで十分なのでしょうか。あるいは、物乞いやスリ、ゴミ拾いよりはましだろうから、どんな仕事でもあてがっておけばよいのでしょうか。

私たちは、そう考えません。日が暮れるまで騒いで遊んだり、友だちといつまでもおしゃべりしたり、好きな本に没頭したり、という時間は、どんな子どもにとっても生きていくうえで必要不可欠である、と考えています。

私たちは、しばしば子どもたちをプールへ連れていきます。マニラ首都圏やホーチミン市にはプール付きの遊園地がありますが、有料の施設ですので、一般家庭の子どもたちにとってもいつでも行かれる場所ではありません。ましてや、路上で寝泊りし物売りやかっぱらいなどで生活していたストリートチルドレンには、想像したこともないような場所です。

それでも、ひとたびプールへ飛び込んで遊ぶ子どもの姿は、日本の子ども

プール付きの遊園地で遊ぶ「若者の家」の子どもたち

も、スラムで生まれ育ったフィリピンの子どもも変わりはありません。子どもは、等しく「遊ぶ権利」を持っているのです。

プールへ子どもたちを30人、40人と連れて行くのは、それなりの費用もかかります。けれども、そんな贅沢をせずにその費用を貯めておいて、一人でも多くの子に一食でも食事を提供した方がよい、とは考えていません。

それには大きな二つの理由があります。

一つ目は、人間が人間らしく生きるとはどのようなことなのか、子どもが年齢にふさわしい生活を送ることがいかに大切なのかを子どもたち一人ひとりに身をもって知ってもらいたいからです。人間らしく生きることを知らないままでいたら、その子どもたちが大人になって親になったときに、自分の子どもにそれを与えてやろうと努力することをしないでしょう。

二つ目は、どんなに私たちががんばっても、残念ながら私たちの力だけでは世界中の恵まれない子どもを一人残らず救い尽くすことは不可能だからです。それよりもむしろ、かぎられた規模であっても、一人ひとりに細やかな支援をすることで、その輪を広げていきたいと思っています。

困難な状況にあった子どもたちが実際に自立へと歩んでいく姿を知っても

らい、「恵まれない子どもたちを助けるにはこういう方法があったのか。よし、自分もやってみよう」とか、「いや、自分たちだったらもっとよりよい援助活動ができるんじゃないか」と立ち上がってもらいたいからです。

　私たちの活動は一つのモデルに過ぎません。一人でも多くの人が援助を必要としている子どものためにそれぞれの立場で動くこと、それ以外に世界中の恵まれない子どもたちを救う手段はないのです。

将来とは何かを知らない子どもたち

　カンボジアにある「若者の家」も、子どもたちが将来に向かって努力する時間と機会を提供したいという思いではじまりました。

「若者の家」では、受け入れた子ども一人ひとりに対して、ソーシャルワーカーなどのスタッフが、これまでの経歴や家族の状況、勉強は何年生までやっていたのか、などの話を聞きます。ほとんどは15、16歳にしてすでに自力で生き延びてきた子どもたちですから、最初からほんとうの話をしてくれる子ばかりではありません。

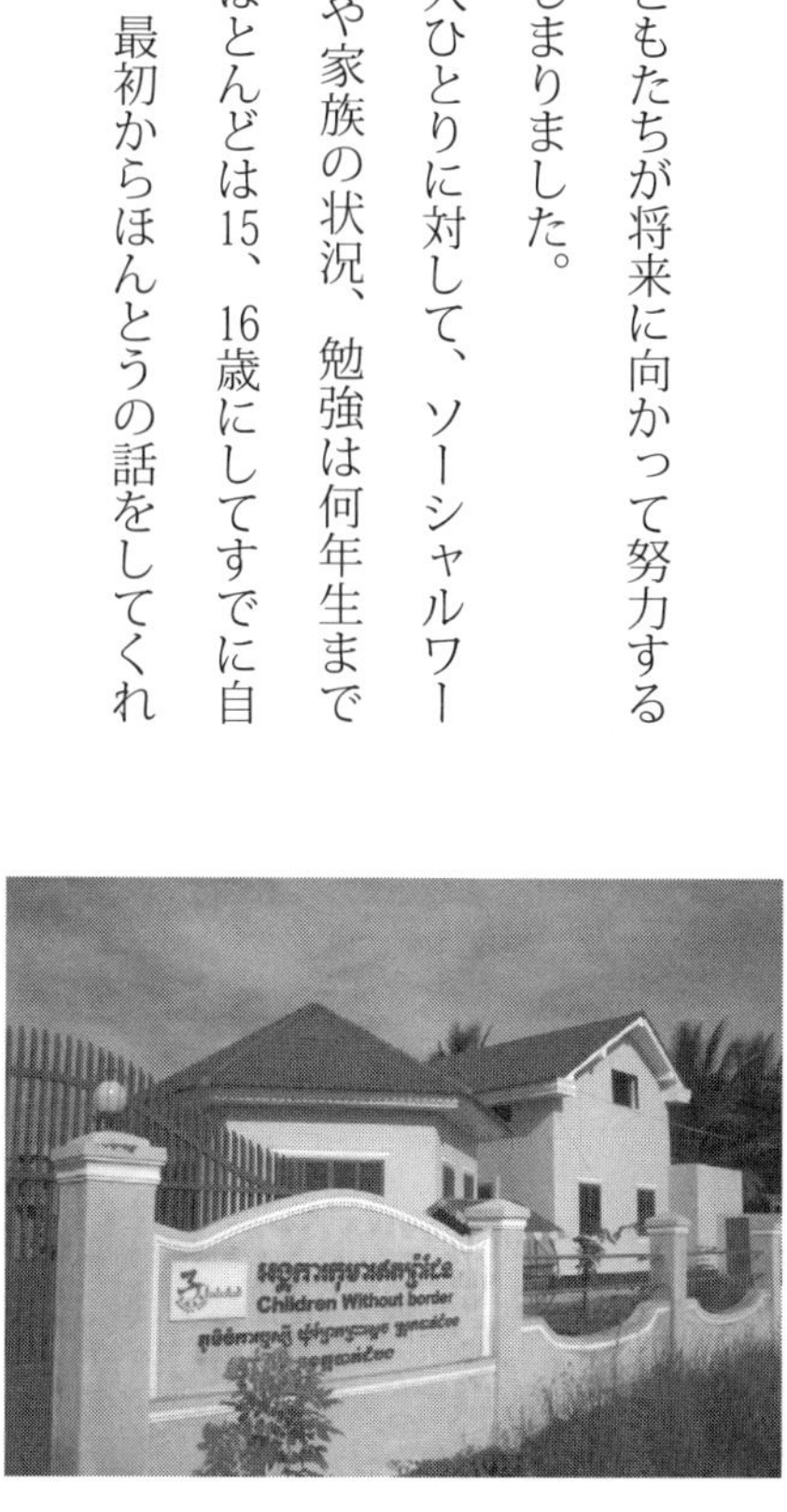

カンボジア、バッタンバンにある「若者の家」

稼いだお金を取られないように……。もっとひどい仕事場に売られてしまわないように……。自分の身は自分で守るしかない、他人を信用してはいけない。そう固く信じ込んでいる子は少なくありません。私たちは根気強く、語りかけます。尋ねるたびに何通りにも変化する身の上話を、否定せずにそのつど真剣に受け止めて、きちんと記録を取り、くり返し話を聞きつづけます。

こうした積み重ねの中で、子どもたちの多くは「ここでは自分は一人ぼっちではない、周囲にいる大人たちは真剣に自分のことを考えてくれているのだ」ということを少しずつ理解していってくれます。

子どもたちと私たちの間に信頼関係が生まれてくると、これからこの「家」で何を目指し、どのように生活していこうか、という話になります。たとえば、16歳だけれど一度も学校へ通ったことがない、という少女には、地域の小学校の1年生クラスに入るのがよいのか、それとも「家」の中での識字教室で読み書き計算を勉強するのがよいのか、一緒に話し合います。また、一日も早く手に職をつけて自立し、離れ離れになったお母さんを探したい、と話す17歳の少年には、どのような種類の職業訓練がもっとも彼

「若者の家」の子どもたちを支えるカンボジアのスタッフ

の希望にかなうものなのか、話し合いを重ねます。

けれども、子どもたちに「将来」何になりたいか、と尋ねても、子どもたちが世の中にどんな職業があるのかすら知らない、という事実に私たちはしばしば直面しました。

世の中の一般的な仕事には、自分などなれっこないと思い込んでいる子も少なくありませんでした。子どもたちがこれまでの生活で実際に体験してきた「職業」といえば、物乞い、靴磨き、花やガムなどの物売り、ゴミ拾い、荷物運びといったものばかりです。町中で見かける、食堂で料理する人や、商店で物を売る人、といった仕事は自分とはかけ離れたものだから、自分ももしかしたらそのような仕事ができるかもしれない、とか、ああいう仕事をやってみたいな、とは最初から考えたこともないのです。

子どもたちは、その日その日を生き延びるのに精一杯で、数年後の自分はどうなっているのか、大人になったときはどのような生活を送っているのか、想像したこともなければ、夢見ることもなかったのです。

将来はどんな仕事がやりたいのか、何に興味があるか、何が得意か、などの質問をしても答えることすらできない子がほとんどなのです。

路上で外国人にガイドブックなどを売るカンボジアの子どもたち

たとえば「新聞」を例にとってみても、そのために記事を書く人、写真を撮る人、印刷をする人、配達をする人、とたくさんの職業が思いつきます。けれども、路上で生きてきた子どもたちにとっての新聞は、単なる「新聞紙」に過ぎないのです。眠るときに地面に敷いたり、物を包んだり、火を燃やすのに使うなど、「新聞紙」の使い道はたくさん知っていても、本来、「新聞」が何のために作られているのかは知りません。

読み書きもできない彼らは、新聞には文章が書かれていて、人びとはその文章を読むことで日々の出来事や世の中の動きなどの情報を得るのだ、ということを知りません。ましてや、そのためにたくさんの人が働いている、ということなど思いもよらないのです。

「将来」という言葉の意味を知らない子どもたち。世の中にはどのような職業があるのか。自分が何に興味を持ち、どんなことが得意で、どのような仕事が向いているのか。大人になったらどんな風に生きていきたいのか。そして、自分の夢や希望をかなえるためにはどんな努力をしなくてはならないのか――それを考えたことすらない子どもたちのために、私たちにできることはなんでしょうか。

「若者の家」ではみんな家族同然

カンボジア「若者の家」の子どもたち

●ソクライ

「ボンスライ（お姉さん）、ノートがなくなっちゃった」
「ボンスライ、日本の歌を歌って」
「ボンスライ、寒いよー」

カンボジアの「若者の家」のスタッフ部屋は、始終ドアをノックされてはいろいろなリクエストが入ります。まるで大家族のような暮らしで、それまで大人からの愛情を受けずに育ってきた子どもたちは、自分にはじめてやさしく接する大人の存在に舞い上がっています。

ある日、スタッフの一人が自分の部屋に戻ると、戸棚の上にあったチョコレートの封が切られて散乱していました。つぎの日はアクセサリーの数点がなくなっていました。そしてそのつぎの日にはお財布の中から1万リエル[*]がなくなっていました。

ソクライの仕業です。彼女はスタッフの部屋から出てきたばかりのところ

「若者の家」に来る前は妹を養っていたソクライ

1万リエル：カンボジアの通貨。日本円で約２４０円（２０１０年１月現在）。

を見つけられても「さっきの国語のクラスで忘れたノートを取りにきただけよ」と平気な顔で答えました。

彼女は10歳のときに母親を病気で亡くした後、頼りにしていた父親が家を出ていってからは、街中でスリをしながら3歳下の妹を食べさせてきました。二人が生きていくためには人から物を盗むことがどうしても必要な手段だったのです。お金になりそうなものが目の前にあれば、迷わず手を出すのは、彼女のような境遇にあった多くのストリートチルドレンにとってごく当たり前で、盗みをしなくても生活できる施設に入ってからも、その習慣を変えることは容易ではありません。

●ボントーン

「誕生日はいつにする？」

「えーと、先生、決めてよ。水祭り*の頃でいいよ」

多くの子どもたちは自分の誕生日を覚えていないどころか、戸籍というものを持ったことがありません。

「ぼくの名前はタイにいたとき、孤児院の先生がつけてくれたんだ。本当の

水祭り：カンボジアに雨季の終わりを告げる伝統行事。毎年11月頃にトンレサップ川で3日間かけてボートレースがおこなわれる。

名前は知らないよ」

ボントーンはあまりに幼いときにタイへ売られたため、自分の本名をおぼえてないのです。親やきょうだいに関する記憶もたしかでなく、カンボジアへ送還されてきたときには母国語も忘れ、タイ語しか話すことができませんでした。

タイでどんな生活をしていたのかと聞くと、ボントーンはいつもちがう話を口にします。あるときは、タイのおじさんと暮らしていたといい、またあるときはストリートギャングとして盗みをしていたと話します。おそらく彼の中ではいずれも偽りのない記憶であり、真の過去と向き合うことは彼にとってとてもむずかしいことなのです。

●ソテア

「この野郎、かかってこい！」

男子の怒鳴り声を聞き中庭に出ると、二人の少年がどこから持ってきたのか鉄の棒や鎌を持つ手を振り上げて向き合っていました。あわててそのうちの一人を背後から押さえつけ、何とかけんかは止められたものの、二人の興

自分のつらい体験はあまり語らず、年下の面倒を良く見るボントーン

奮はなかなかおさまりません。

翌日、今度はキッチンで事件が起こりました。スタッフがキッチンに飛び込むと、ときすでに遅く、一人の少年が中華包丁を手にとり、ソテアの腕に振り下ろしていました。辺りには血が飛び散り、スタッフも胸に返り血を浴びました。傷は骨まで達していました。

ふだんのちょっとした言い争いが、刃物を振り上げるまでの大げんかに発展してしまうのは日常茶飯事です。社会生活から長く排除され、路上で生き残っていくためには、自分だけを頼りにし、つねに周囲と他人を警戒しながら、仲間やときに大人たちに対しても暴力で対抗して彼らは生き延びてきたのです。

腕を負傷し、病院で麻酔も受けずに6針ほど縫ったソテアは、「若者の家」の中でもずっと嫌われ者でした。幼いときに両親が別れ、彼は母親とともに路上で暮らしはじめました。最初は物乞いをしながら食いつないでいましたが、大きくなるとストリートチルドレンの仲間と連れ立って盗みを働くようになりました。バッタンバンという小さな町で広まってしまった「悪い子」というレッテルはなかなか消えることがなく、施設に受け入れられた後も人

「若者の家」のスタッフを家族同様と語っていたソテア

びとから後ろ指を指されつづけることになりました。路上に暮らしはじめてからの5年間、彼は他人に対する不信感をどんどん募らせてしまったのです。

「若者の家」の中でもいまだに親友といえる友だちは一人もできません。

●トアン

「じゃ、行ってくるね、バイバイ」

ある朝、トアンはいつものように事務所にやってきて私たちにあいさつをし、職業訓練へ出て行きました。そしてその後、昼食どきになっても、夕日が落ちても、トアンが「若者の家」にもどってくることはありませんでした。あれが別れの挨拶だったのだと気づいたのはその夜のことでした。

トアンはカンボジア生まれのベトナム人でした。片足が不自由で、同年代の子どもよりもひとまわり小さく、よく他の子どもたちにからかわれていました。でも、この体のハンディキャップは物乞いをする彼にとって効果的な武器でした。道行く人からの同情を引きやすい彼は一日で結構な稼ぎを得ることができたのです。父親のいないトアンは病気で働くことのできなくなっ

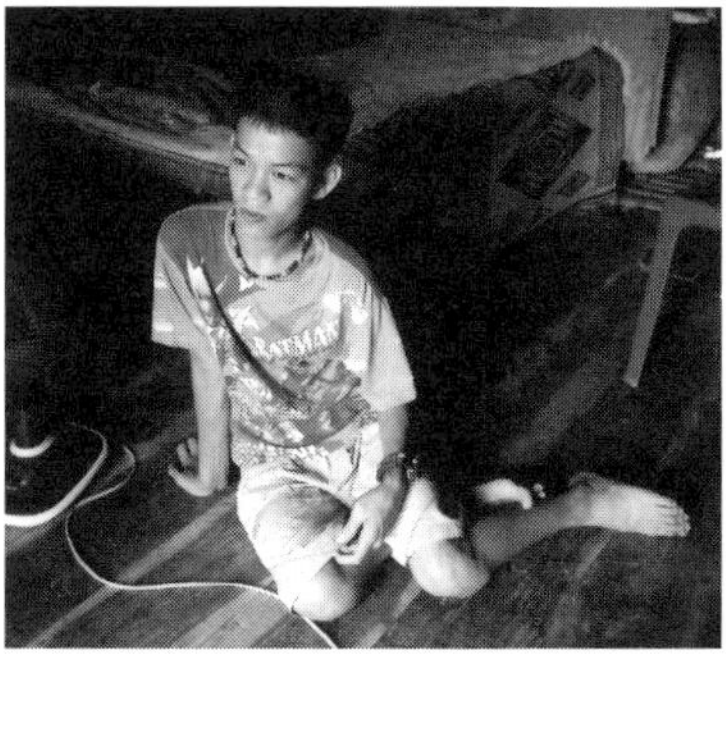

家出を繰り返したトアン

た母親との生活を支えるため、1年のうち半分以上はタイに出かけていき、路上で物乞いをしていました。稼いだお金はカンボジアへ持ち帰って生活費と母親の治療費にあてていたのです。

トアンの「若者の家」からの「家出」はこれで3回目です。

「これ以上、トアンにそんな生活を続けさせるわけにはいかない。トアンにも教育を受ける権利はあるはず。母親を何とか説得してみよう」

そのたび私たちはトアンを迎えに、タイとの国境付近にあるポイペトという町まで出かけました。トアンの母親の家を知っているという保護センターのスタッフに案内してもらうと、50、60軒ほどの掘っ立て小屋が並ぶベトナム人スラムの入口にトアンが立っていました。

「トアン、ずいぶん探したんだよ」

私たちがかけ寄ると、彼がはずかしそうな面持ちでうつむきがちに母親のところへ連れて行ってくれたのです。もう16歳になる年頃のトアンには教育と技術を身につける必要があること、そうすれば将来的には母親を支えることができることなどを母親と話し、その結果、トアンは「若者の家」にもどることができました。

カンボジアの町ポイペト

しかし、その次の家出からトアンがもどってくることはありませんでした。

●ラニー

ある日、「若者の家」の事務所の電話が鳴り響きました。スタッフが受けると、それはラニー（17歳）の母親の危篤を知らせるものでした。大急ぎで支度をし、彼女の故郷であるポイペトのスラムへと向かいました。臭いのきついゴミためのようなスラムの中を20分ほど歩いたでしょうか。ようやくラニーの家にたどり着きました。

瀕死の状態の母親を彼女の妹たちや近所の人たちがただ見守っていました。医者に連れて行くお金もないのです。長女のラニーは母親のそばにいると言いはり、その場を動こうとしません。仕方なく彼女と母親を車に乗せ、母親を「若者の家」の近くの州立病院に入院させました。

それからラニーは学校が終わると毎日病院へ通い母親のそばに寄り添って看病しました。しかし、病気が回復する兆しはなく、母親の白目は黄色く濁り、ときどき動物のような叫び声をあげてはぐったり横になっていました。

お母さん思いのラニー

もう自分の娘のことすら認識できません。病状も末期であるとの診断で医者もほとんど診てくれなくなりました。ベッドの辺りには異臭がただよい、床ずれした背中にはウジがわいていました。

しかし、ラニーは辛抱強く病院に通い、母親の看病を続けました。その様子を見て、「若者の家」の子どもたちはおこづかいを出し合ったり、スタッフが寄付を募るなどして、ラニーに治療代として合計100ドル近くが渡されました。が、その甲斐もなく、ラニーの母親は1カ月後に亡くなりました。エイズが原因だろうということでした。

遺体を棺《ひつぎ》に入れたあと、ラニーははじめて安心したような笑みを少しだけ浮かべながら、私たちに礼をいいました。

「若者の家」の子どもたちは一見みな明るくフレンドリーです。でも、彼らがこれまでに生きてきたそれぞれの道のりは、いまの表情からは想像できないほどつらく過酷なものです。

子どもたちが精神的にも安定し、自立するための力を身に付けて、社会復帰を果たすまでにどれほどの時間と本人の努力、まわりの支援が必要か、想

「若者の家」では子どもたちの笑顔が絶えない

像してみてください。

「若者の家」では、子どもたちが安定した環境の中で基礎的な識字教育や自立するための職業訓練を受けて、精神的・経済的に一社会人として自立できるまでを支援しています。つらい過去の経験の中で彼らが失ってきた子どもらしい時間を取りもどし、大人たちが敵ではなく、甘えたり頼りにできる存在なのだということを知り、希望を見い出すことが私たちの願いなのです。

読み書き計算を学ぼう

カンボジアの「若者の家」で受け入れる子どもたちの約半数は、それまでに学校に通ったことがないか、または小学校３年生に上がるまでに通学を断念しています。そのため、多くの子どもたちがまともに読み書きをすることができません。子どもたちが将来自立して社会人として生活を営んでいくためには読み書きが不可欠です。初等レベルのクラスでは、黒板に書かれたクメール文字、日本でいう「あいうえお」を全員で読み上げる大きな声が響きます。

また、将来自立してオートバイの修理や美容院などを開業するばあいに必要になる計算にも力を入れています。単なる知識の詰め込みにならず、将来実際の商売で使えるような実用的な基礎知識を教えることに焦点をあてています。

しかし、これまで路上で自由気ままに生活してきた子どもたちにとって、長い時間椅子に座って先生の授業を聞くことには大変な忍耐力を必要とします。そのため、集中力が途切れても授業に参加できるように、教師たちはクイズを出したり、ときにはゲームをしたりとさまざまな工夫をしています。

学校へ行こう

「他のみんなよりも大きいのに、字もろくに読めないのははずかしい。絶対に学校なんか行かないよ！」

「若者の家」に来た当初はみんながそういいます。すでに16、17歳になっている「若者の家」の子どもたちが、10歳近くも年下の子どもたちと肩を並べて勉強するのは容易なことではありません。

学校にもどることができるよう「若者の家」で読み書きを習う

それでも私たちは子どもたちに学校へ行くように説得します。おなじような境遇にある仲間といつも過ごしているだけでは、将来、社会に出て行ったときに困惑し、孤立してしまいかねないのです。子どもが社会性を身につける最適な場である学校に通うことは彼らにとって自立の第一歩です。

夢をつかもう

カンボジアでは、まともな収入を得られる職業に就くこと自体がとても困難です。東南アジアの近隣諸国に比べて経済発展が遅れ、産業が育っていないからです。

とくにストリートチルドレンだった子どもたちは一般社会では「厄介者」で、根深い偏見があるため、就職はもとより身に付ける職業技術の選択肢も狭められています。

リナの夢は美容サロンを開くことでした。「若者の家」に来た直後から自らの希望で美容サロンのオーナーに弟子入りし、お客の髪を結うオーナーの手を熱心に見て学びました。識字レベルが比較的高く、真面目な性格の彼女

「若者の家」での職業訓練。技術を身に付けて自立を目指す。

は、オーナーにも気に入られ、ヘアセットのため結婚式の現場へアシスタントとしてついて行くこともたびたびありました。

また、リナは「若者の家」のコンピュータ教室に参加し、コンピュータの面白さに魅了されていました。夢中になって学び、すぐに基本の操作をおぼえ、コンピュータが空いているといつもその席に陣取ってモニターとにらめっこしながら手を動かしていました。そして、「もっといろんなことを学びたい。コンピュータを使って仕事ができるようになりたい。グラフィックデザイナーになりたい」と願うようになったのです。

私たちのはげましを得て、リナは必死に勉強しました。そしてバッタンバン市内で一番大きい職業専門学校の試験に上位の成績で合格したのです。入学当初、施設に住む彼女は周囲からの好奇の目を浴びがちでしたが、高学歴のクラスメートに負けまいと、授業の予習復習も欠かさず懸命に勉強しました。そして、卒業のときにはクラスでトップの成績を修めたのです。

リナは現在、カンボジアの首都プノンペンでキャリアアップの転職を重ねながらグラフィックデザインという憧れの仕事に就き、夢をかなえています。

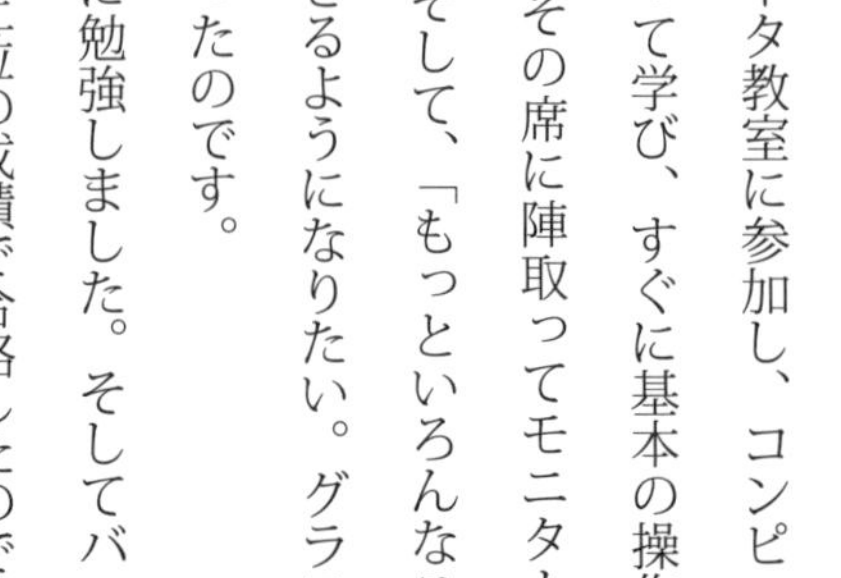

リナは、コンピュータグラフィッククラスで学年1位の成績を修め表彰された（左2人目）

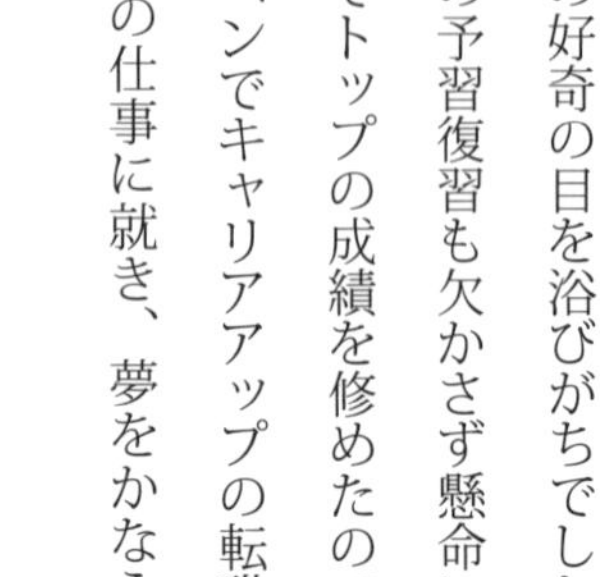

プノンペンの会社で働くリナ

第6章
子どもはみんな幸せになる権利がある

世界人権宣言と子どもの権利条約

ストリートチルドレンの支援は、どのような形が理想的なのでしょうか。その答えを見つけることはそれほど簡単ではありませんが、支援対象となる子どもたちにとって、ほんとうに意味のある形で支援がおこわれなければ、徒労に終わってしまいかねません。ただなんとなく支援活動をおこなうのではなく、意思決定や価値判断するときの基準やルールが必要なのです。

ストリートチルドレンにかぎらず、困難な状況におかれた子どもへの支援をおこなうばあいに、関係者が参考にする国際文書があります。それが「子どもの権利条約*」です。

「子どもの権利条約」の基本的な考え方は、もともと「世界人権宣言」（正式名称「人権に関する世界宣言」）にまでさかのぼることができます。この宣言は、１９４８年12月に国際連合（国連）において採択され、老若男女をふくむ世界中のすべての人びとにとっての基本的権利が規定されています。この内容が基礎になってこれまで国連では女性や障害者、難民、奴隷の人た

子どもの権利条約：子どもの基本的人権を国際的に保障するために定められた条約。

障害者の権利に関する条約	障害者の権利に関する条約の選択議定書
難民・無国籍者の人権	難民の地位に関する条約 無国籍の削減に関する条約 無国籍者の地位に関する条約
奴隷制度、奴隷的慣行、強制労働からの保護	奴隷改正条約 人身売買及び他人の売春からの搾取の禁止に関する条約 国際的な組織犯罪の防止に関する国際連合条約 国際的な組織犯罪の防止に関する国際連合条約を補足する人（特に女性及び子ども）の取引を防止し、抑止し及び処罰するための議定書 国際的な組織犯罪の防止に関する国際連合条約を補足する陸路、海路及び空路により移民を密入国させることの防止に関する議定書

出典：http://blhrri.org/library/library6.htm

ちを保護し、権利を拡大するさまざまな人権条約*が作られてきました。

「世界人権宣言」は人間の権利についての普遍的な基準を定めているという点において、とても重要なものです。「世界人権宣言」は全部で30条から構成され、主につぎの９つのことを宣言しています。どれもみんなが人間らしく健康に生きるために大切な事項ばかりです。

①万人の平等と非差別の基本原則
②人間の生存・自由・安全の権利
③奴隷制度・売買の禁止
④法の下における平等
⑤思想・宗教や言論・表現の自由
⑥集会・結社の自由
⑦社会保障を受けつつ労働する権利
⑧休息と余暇を持つ権利
⑨教育を受ける権利

世界人権宣言の内容は、世界中の老若男女すべての人びとのためのものですが、子どもの権利に焦点を絞った条約が「子どもの権利条約」なのです。

■さまざまな人権条約

人種、職業による差別の禁止	あらゆる形態の人種差別の撤廃に関する国際条約 アパルトヘイト犯罪の禁止及び処罰に関する国際条約
女性の人権	女子に対するあらゆる形態の差別の撤廃に関する条約 既婚女性の国籍に関する条約 女性の参政権に関する条約 婚姻の同意、最低年齢及び登録に関する条約 拷問及びその他の残虐な、非人道的な又は品位を傷つける取扱い又は刑罰に関する条約
子どもの人権	子どもの権利に関する条約 子ども売買、子ども買春および子どもポルノグラフィーに関する子どもの権利に関する条約の選択議定書 「最悪の形態の児童労働」の禁止と廃絶のための即時行動に関する条約 武力紛争における子どもの関与に関する子どもの権利に関する条約の選択議定書
移住労働者の人権	すべての移住労働者及びその家族の権利保護に関する条約

この条約は、もともと1924年9月に当時の国際連盟で採択されていた「子どもの権利に関するジュネーヴ宣言」の流れをくんでいます。その後、「子どもの権利条約」の前身ともいえる「子どもの権利に関する宣言」（1959年11月）が国連で採択されました。この宣言では、子どもは身体的および精神的に未熟であるとして、適切な法律上のもと、子どもに特別な保護を与えることが必要であると明確に書かれています。

そして、30年後「子どもの権利条約」（89年11月）が国連で採択され、90年9月に発効しました。日本では、94年4月にこの条約を批准しています。08年12月の時点において、アメリカおよびソマリア*の2カ国を除く193の国と地域が条約を締結しています。

「子どもの権利条約」は、全54条で構成され、18歳未満の子どもの権利が包括的に規定されています。

この条約の特色は、子どもを周囲の大人が保護する対象としてではなく、子ども自身がむしろ権利の主体と見なしている点です。また、意思表明権（自分の感情や意見をいつでも自由にのびのびと表現する権利）や、遊び・余暇の権利（生活において勉強や労働をするだけでなく、遊ぶ時間や余暇を過ご

ソマリア：ソマリアの暫定政府は2009年11月19日に「子どもの権利条約」を批准する方針を決めた。

子どもの権利を主張するマーチをおこなうパキスタンの子どもたち

す時間を持つ権利）など、これまでにない独自の条項が含まれています。そして、子どもの人権を守るためのさまざまなルールが具体的に述べられています。

●生存・自由・安全の権利

子ども一人ひとりの生命の尊厳が守られ、安全かつ自由な環境のもとで成長し生活する権利などです。

●父母から分離されずに養育を受ける権利

子どもが、両親の意思に反して両親から引き離されずに生活できること（ただし、両親が子どもを虐待、放置するなど、両親と離れて暮らすことがその子どもにとって最善の利益であるばあいを除く）、または、両親の止むを得ない別居等により、父母のどちらかまたは両方と離れて暮らしている子どもが、父母の両方と関係を保ち、会うことのできる権利などです。

●意思表明の権利や表現の自由

子どもが、身のまわりのことについて自由に意見を述べたり、年齢や成長度に応じた形において子どもの意見が考慮されること、また、国境にとらわれることなく、芸術などいろいろな方法によって自らを表現する権利などです。

●**思想・宗教の自由**

子ども一人ひとりが自由な思想を抱いたり、自ら選択して宗教を信じる権利などです。ただし、そうした信念を表明する際には、公の秩序に反しないかぎりにおいておこなわれなければなりません。

●**適切な教育を受けて人格・才能・能力を発達させる権利**

子どもが初等教育を無償で受けたり、中等・高等教育も受けられること、教育や職業に関する情報にアクセスできること、学校側が子ども一人ひとりの尊厳を尊重したルールによって学校を運営すること、国が子どもの人格や才能、能力を最大限に発達させるような教育とすること、子どもの言語、出身国の価値観や文化を尊重すること、子どもの教育において人権や基本的自由、自然環境への尊重に配慮すること、出身の国や地域、民族などにかかわらず、子どもが自由な社会において責任のある大人へと成長できるような教育とすることなどです。

●**遊びや余暇を享受する権利**

子どもが自らの年齢に適した遊びや余暇を楽しむための活動をおこなったり、文化的な活動や芸術活動に参加する権利などをいいます。

「子どもの権利」や「都市の貧困」などに関するセミナーに参加したフィリピンのピア・エデュケーターたち

条約に署名した国は、子どもの権利の実現のため、子どもにとっての最大限の利益を守るため、政府が国の立法・行政・司法制度を整備しなければなりません。また、とくにストリートチルドレンのために、子どもの権利条約に規定されているつぎの点について、政府は対策や措置をとらなければなりません。

・さまざまな形態の搾取・虐待からの保護
・誘拐・売買・取引きの禁止
・武力紛争と子どもの関わりにおける配慮
・法に抵触した子どもの人権および基本的自由の尊重

ストリートチルドレンの中には、これらの問題に直面している子どもが数多くいます。

ストリートチルドレンをなくすための国際的なルール

ストリートチルドレンをなくすための国際的取り決めを次の表にまとめました。

■ストリートチルドレンをなくすための国際的なルール

●子ども売買、子ども買春および子どもポルノグラフィーに関する子どもの権利に関する条約の選択議定書

セックス・ツーリズムなど子どもの売買取引や子どもポルノグラフィーを禁止することを規定。議定書を締約した政府は、子どもの性的搾取、経済的利益を目的とした子どもの臓器移植、強制労働をおこなった個人・組織が刑罰の対象となるよう、立法上・行政上の措置をとったり、あるいは実際に被害を受けた子どもの保護をおこなわなければならない。

●武力紛争における子どもの関与に関する子どもの権利に関する条約の選択議定書

18 歳に満たない者が国の軍隊や武装集団において義務的に徴集されたり、敵対行為に参加したりすることのないよう、議定書を締約した政府は法律の制定などを含めあらゆる措置をとらなければならない。

●「最悪の形態の児童労働」の禁止と廃絶のための即時行動に関する条約

強制・義務労働などの奴隷制度や慣習、性産業への従事、不正な薬物の生産や密売への関与など、最悪の形態の労働に 18 歳に満たないすべての者をひとりとして関与させないよう、締約国が効果的な措置をとる。

●人身売買及び他人の売春からの搾取の禁止に関する条約

議定書を締約した政府は、売買春宿の経営や売買春のための人の勧誘及び誘拐をおこなった者を処罰の対象とする。政府は、売買春を目的とした人身売買を防止するため、人の出入国に関して必要な措置をとらなければならない。国境を超えた人身売買の被害者が、出身国に戻るまでの間、経済的な余裕がなければ、政府はそれらの人びとを一時的に保護する必要がある。

ストリートチルドレンは遠い国の知らない子ども？

もしあなたが、路上でストリートチルドレンを見かけたら、どうしますか。

通りすがりに、食べ物や小銭を渡してあげたりするでしょうか。そうすれば、一時的な空腹は満たしてあげられるかもしれません。しかし、それは問題の根本の解決にはつながらないかもしれません。

あるいは、目を合わせないようにして通り過ぎてしまうでしょうか。ひょっとしたらその子どもは、もう何日も食べ物を口にしていないかもしれません。

ストリートチルドレンは、私たちが想像することも困難なほど、大変過酷な状況におかれています。人権や子どもの権利といった道義的観点からも、「ストリートチルドレンなのだからしょうがない」と、苦境におかれている彼らに手を差し伸べずに済ます理由はどこにもありません。

実際、ストリートチルドレンの問題は、本人だけの問題ということでは決

町中を歩き回りゴミを集める少女たち

してなく、その国や地域社会にとっての問題であり、ひいては世界の問題、つまり私たち自身にも関わってくる問題なのです。

現在のグローバル経済体制が先進国に富をもたらす一方で、途上国からは多くの資源が奪われています。途上国内では富の公平な分配がおこなわれず、一部の富裕層・支配層と多くの貧困層・被支配層が生じています。こうした社会の歪みの影響を受け、世界の従属的体制の犠牲となっているのが、まさにストリートチルドレンなのです。たまたま豊かな国に生まれた私たちは、その責任の一翼をになっているのです。

ゴミ集めに疲れ、木にもたれて休憩する少女たち

私たちは、ストリートチルドレンを適切な環境において保護し、子どもたちが本来享受すべきはずの権利や自由を実現していかなければならないのです。

世界ではどんな取り組みがおこなわれているか

では、これまで世界は、ストリートチルドレンに対してどのように手を差し延べてきたのでしょうか。

国によっては行政機関がストリートチルドレンの支援をおこなう例も見られますが、世界の現状を見るかぎり、ストリートチルドレンへの支援の大部分はＮＧＯがおこなっています。

さまざまな理由によって国や行政がなかなか実行できないことを実施できるのが、ＮＧＯです。実際、インドやバングラデシュ、フィリピンといった国では、多くの国際ＮＧＯや現地ＮＧＯがストリートチルドレンのための支援活動をおこなっています。

各国でＮＧＯなどがおこなっている代表的な活動を紹介しましょう。

●シェルター運営

シェルターというのは、基本的な衣食住などの機能が備わった保護施設で

バングラデシュの現地ＮＧＯが運営するシェルター。子どもたちがいつでも利用できる

す。子どもたちはシェルターを利用して、食事を取ったり、体を清潔にしたり、路上での危険にさらされることなく身体を休めたり眠ったりすることができます。一時的にこうした施設を利用している子どももいれば、中長期にわたり施設に住んでいる子どももいます。

バングラデシュの現地ＮＧＯ「貧窮家庭支援協会」(ＳＵＦ)では、首都ダッカのストリートチルドレンをシェルターに受け入れて、安定した衣食住を提供しています。

●教育支援

それまでほとんど学校に行ったことのない子どもが通いやすい環境を考慮した教育施設を整備して、子どもたちに識字や算数といった基礎的なことを教えています。また、通常の学校などの公的教育施設への復学支援および奨学金の供与、そして彼らの将来の自立を目指した職業技能の習得を支援します。パキスタンの現地ＮＧＯ「フレンズ福祉協会」（ＦＷＡ）では、コミュニティでの寄付などを募って学校施設を整え、地元の人びととの協力を得ながら、貧困層の子どものための教育を提供し、きめ細かなケアをおこなってい

パキスタンのＮＧＯ、ＦＷＡの教育支援

ます。

●医療支援

医師たちがストリートチルドレンを対象に、健康診断をおこない、もし何か気になる症状や懸念などがあるばあいに病院に連れていったり、治療を施したりします。ストリートチルドレンの間では、マラリアや結核などの感染症や呼吸器疾患、皮膚病などに罹患《りかん》している子どもが頻繁に見られます。一部の国では、エイズに感染した子どもの治療・支援体制が整っていないことから、専門の知識や技術を持つＮＧＯがこうした子どもたちを対象に支援活動をおこなっています。東ティモールの現地ＮＧＯ「コモロ子ども・青少年センター財団」（ＣＣＹＣＦ）では、ボランティア医師の協力のもとで子どもたちの健康診断を定期的におこない、健康状態の追跡調査をおこなっています。

●アドボカシー活動

アドボカシーとは、権利擁護の主張・提言という意味の英語です。政府や

東ティモールの衛生管理ワークショップ

子どもの権利ワークショップの開催
ジャカルタの現地 NGO「インドネシア子ども福祉財団」（ICWF）

行政によるストリートチルドレン支援の拡充を促すため、ＮＧＯを含む関係者が一丸となって政府当局との話し合いや協議をおこなったり、懸案事項に係る提案書を提出したり、またときにはデモ行進をおこなったりして、当局に対し何らかの働きかけをします。関係者間での連携や、当局との協力関係の構築が鍵となります。ジャカルタの現地ＮＧＯ「インドネシア子ども福祉財団」（ＩＣＷＦ）では、ストリートチルドレンにかぎらずすべての子どもの権利の向上を目指して、政府との対話などの活動をおこなっています。

活動はすべて、ストリートチルドレンが自らの権利を享受しつつ幸せに暮らすための支援です。それは、周囲の信頼できる大人の庇護のもとで生活し、学び、遊び、余暇を過ごし、ときには自分の意思や意見を伝えるなど子どもらしい時間を過ごしつつ、健やかに成長するという、子どもに必要なごく当たり前のことです。

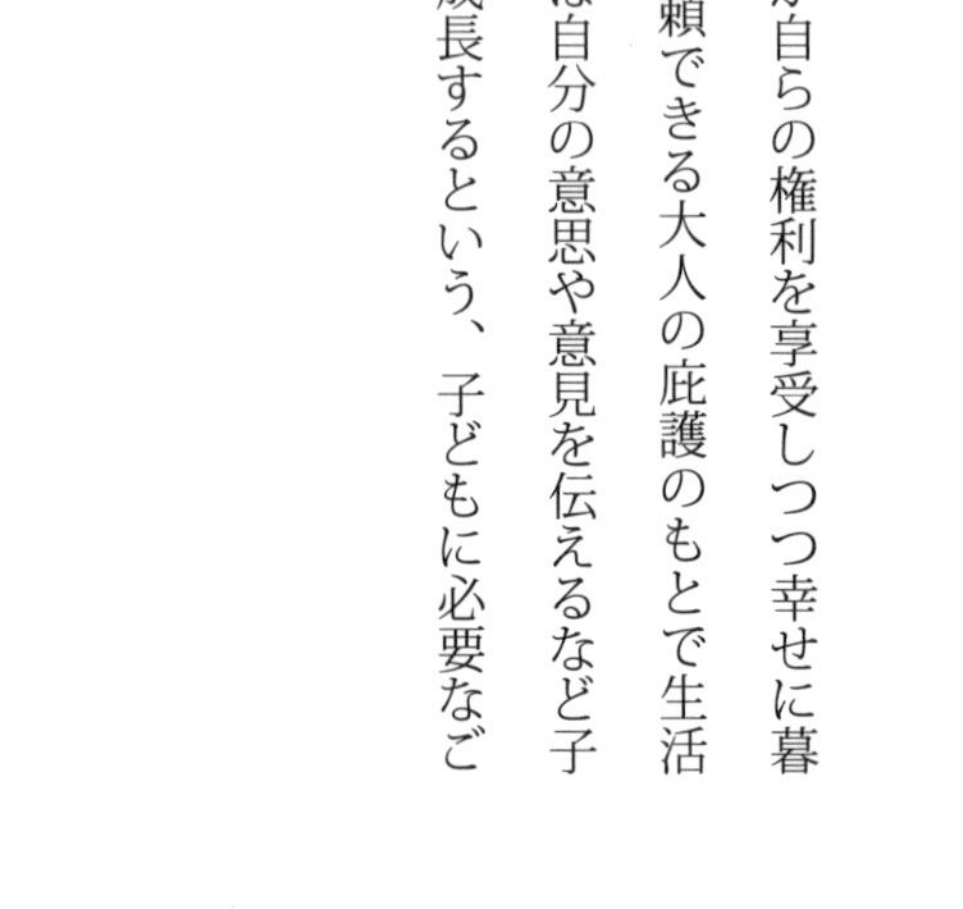

フィリピンでのデモ行進

第7章
将来に向かって歩みはじめた子どもたち

自分たちで家を建てよう

カンボジアのバッタンバンに開設した「若者の家」から、最初の卒業生が生まれました。理容師の職業訓練を終えた20歳の青年ソルが、床屋さんを開業することになったのです。開業する場所はコンポンチャムという遠く離れた州です。そこには彼のおばあさんが住んでいました。

私たちのカンパもあって一通りの床屋さんの道具を揃えたソルは、「若者の家」のスタッフや仲間たちとの別れを惜しみつつ、張り切って卒業していきました。

卒業すると、生活や進路をフォローするスタッフとは接点を持ち続けますが、共に暮らした仲間たちとはなかなか会えなくなってしまいます。あるいは、卒業後の生活が思うようにならず、そのまま連絡が取れなくなってしまう若者もいます。そこで私たちは、「若者の家」が卒業後の若者たちにとって、いつでも帰ってくることのできるふるさとのような存在になればと考えたのです。

これまでのように間借りした建物ではなく、自分たち自身が所有する施設の建設をめざし、04年、私たちはカンボジアに土地を購入しました。これを機に、「ビルディング・トゥギャザー」というプロジェクトがはじまりました。

「ビルディング・トゥギャザー」とは、少しずつ寄付金を募って、自分たちの土地に一つずつ家や職業訓練施設を建て、それらの施設を若者の家の子どもだけでなく地域の人たちも利用することができる、そして卒業した子どもたちがいつでも帰ってくることができる、そんなふるさとのような場所を作るプロジェクトです。

職業訓練の一環として、子どもたちも建物を建てる作業をしています。でも、子どもたちの力だけでは建設はできないため、日本から大工の松田茂さんにボランティアとして行ってもらうことにしました。

松田さんにとってはじめてのカンボジアです。英語ができない、ましてやクメール語（カンボジア語）もできない松田さんは、通訳を介して、まず、子どもたちに何が欲しいかを聞きました。

「外で座るベンチが欲しい！」

子どもに電動カンナの使い方を指導する松田さん

すると松田さんは工具箱からのこぎりや金づちなどを取り出しました。そして紙にベンチの絵を描き、金づちやノコギリを使う振りをして、子どもたちに道具の使い方を説明しはじめました。てっきり松田さんがベンチを作ってプレゼントしてくれると思っていた子どもたちは、これから何がはじまるのかまったくわからないようでした。

「これをみんなで作るんや!」

松田さんは工具や釘の使い方、寸法の測り方などを一つずつ身振り手振りで子どもたちに教えていきました。

バラバラだった木材がベンチへと変身したときの子どもたちの目は、きらきらと輝いていました。言葉は通じなくても子どもたちと一つのものを作り上げていく中で、みんなの心が通い合ったようでした。

つぎに松田さんは守衛所を作ることにしました。守衛所は構造が簡単なので子どもたちにもわかりやすいからです。

翌日、松田さんが描き上げた図面に沿って木材を切り出したり穴を開ける作業をしました。子どもたちは意味がわからないまま松田さんの指示に従って作業をしていきました。今回は電動ノコギリや電動カンナも使いました。

ミリ単位での作業を子どもたちに理解させることはとても難しい

切り出しの作業を正確にやらないと、いざ組み立てたときにへんてこな形になってしまいます。松田さんも子どもたちも真剣です。この作業が一段落すると組み立てに入ります。組み立て作業がはじまると立体的な小屋が立ち上がってきました。

約2週間後、松田さんと子どもたちの手による守衛所が完成しました。縦3メートル、横2メートル、高さ3メートルの立派な建物です。これまで一つのことをやり遂げる機会に恵まれなかった子どもたちが自分たちの力で大きな建物を作り上げた瞬間です。彼らの目は自信に満ちあふれていました。

自分たちで米を作ろう

土地は購入したものの、寄付が集まらなければ建物は建ちません。しかしいつまでも土地をそのままにしておくのはもったいないことです。

そこで空いている土地を耕し、田んぼを作ることにしました。日本とおなじようにカンボジアでも米が主食です。田んぼからお米を収穫できれば自分たちの給食もそれでまかなえます。

小さな模型を作り、これから建てる守衛所の説明をする松田さん

完成した守衛所

子どもたちは午前中、学校に行ったり職業訓練をしたりしていそがしく勉強しています。午後、時間が空いている子はだれにいわれるでもなく一人、また一人と田んぼに集まってきます。そしてクワを手に田んぼを耕しはじめます。

少しずつですが、毎日作業を続けることで田んぼができあがりました。スタッフが苗を買って来て、さあ田植えです。隣の土地は農家の人によってきれいにイネが植わっています。それを見本に植えていけばいいのです。

男の子も女の子も泥んこになって田植えをしていきます。泥遊びはいくつになっても楽しいものです。しかしこれは遊びではありません、田植えをしなければならないのです。それなのにみんな好き勝手に植えてしまい、間隔はバラバラ、苗の列も曲がってしまいました。隣の田んぼとは比べ物になりません。

これでは自分たちが食べるお米を収穫することはできなくなってしまいます。最初は遊び感覚で田植えをしていましたが、自分たちが食べるのに十分なお米が収穫できなくなるとスタッフにおどかされたせいか、こんどは真剣に田植えをやりだしました。

バラバラの間隔で苗を植える子どもたち

12月、お米の収穫がはじまりました。子どもたちは朝早くから田んぼへ出かけました。稲刈りの経験がある子が経験のない子に教えながらコツコツ稲を刈っていきます。こうして一年目にみんなで収穫したお米は900キロにもなりました。

ぼくたちの米を津波の被災者へ

2004年12月26日、インドネシアのスマトラ島沖で大きな地震と津波が発生しました。そのときの映像は世界各地にくり返し報道され、世界中の人たちにショックを与えました。幸いにも私たちが活動しているフィリピン、ベトナム、カンボジアでは被害がありませんでしたが、各地での死者・行方不明者は22万人にも上りました。

自分たちが支援してきた子どもたちに被害がなかったとはいえ、アジア地域でこれだけ大きな被害があったのを見て見ぬ振りはできませんでした。もっとも被害の大きかったインドネシアのアチェをはじめ、インド、タイ、スリランカにスタッフを派遣して調査をおこないました。そしてこのときは

自分たちで植えたイネがこんなに収穫された

じめて自然災害で被災した子どもたちへの支援を開始しました。

すると、カンボジアの「若者の家」から、東京にいる私たちを驚かせ勇気づけてくれるニュースが飛び込んできました。米作りをしていた子どもたちから「自分たちで収穫したお米を津波で被災した子どもたちに送りたい」といってきたのです。

これまで支援される立場だったカンボジアの子どもたちが、今度は困っている人を支援する立場に立ったのです。私たちがこれまでやってきたことは間違っていなかったと実感した瞬間でした。それどころか、私たちがやってきた以上に子どもたちは成長していたのです！

20万人を超える死者・行方不明者を出したスマトラ島沖大津波。その中のほんの数十人の子どもを支援することにどれほどの意味があるのか。もしかしたら無にひとしいのかもしれない……と思うこともありましたが、カンボジアの子どもたちからの知らせを聞いたとき、「いや、そんなことはない。たとえかぎられた人数の子どもたちだとしても、彼らに手を差し伸べよう」と、勇気づけられたのです。

カンボジアの子どもたちは収穫した900キロのお米のうち800キロを

インドの「KnK ホーム」で生活する、津波で被災した子どもたち

売って、そのお金を津波で被災したインドの「ＫｎＫホーム」の子どもたちへ送りました。

私たちは津波で被災した３カ国の子どもたちの支援をおこないました。たくさんの企業や団体、そして数多くの日本の人びとからご寄付をいただきました。外務省から助成金をいただくこともできました。当初、数十人の子どもたちを３カ月間支援するお金しかなかった私たちが、こうした日本の人たちのおかげで数百人の子どもたちを1年以上にもわたり支援することができたのは、カンボジアの子どもたちが背中を押してくれたからです。

インドネシアとタイの津波被災児支援のプロジェクトは現地のＮＧＯに無事に引き継ぐことで終了しましたが、カンボジアの「若者の家」からお米のお金が送られたインドの「ＫｎＫホーム」は、いまも津波孤児への支援をつづけています。

子どもたちを「子ども」として扱うということ

私たちが支援している子どもたちは、それぞれ心に傷を負っています。「若

津波で母親を亡くした少女

者の家」でも、必要に応じて精神科の医者や心理療法士に心のケアをお願いしています。しかし、私たちは医療援助をおこなうNGOではありません。ストリートチルドレンは、患者ではないのです。

私たちは彼らを「子ども」として扱っています。彼らは心に傷を負い、トラウマを抱えながらも力強く生きています。私たちができることは医療で彼らの心の傷を癒すのではなく、彼らを「子ども」として接することだと考えています。

彼らは幼いときから家族を養うため、あるいは自分自身が生き延びるために働いてきました。

お金を稼ぐ仕事は子どもの役割でしょうか。

彼らは一日中仕事をしているため、学校に行くことができずにいました。

いったい学校はだれのためにあるのでしょうか。

彼らはいまを生きるのに精一杯で、将来の夢など持てずに生きてきました。

未来を描けない子どもは、どんな大人になればよいのでしょうか。

彼らには、いま、自分が「子ども」であることを認識することが何よりも必要なのです。

しかし、私たちもいつまでも彼らを支援できるわけではありません。彼らにとっては、私たちの元にいるわずか数年間だけが、子どもらしくいられる期間かもしれません。その数年間、私たちが彼らを子どもとして扱うことによって、彼らは自分を守ってくれるという安心感を得るでしょう。その安心感が、彼らを強く成長させます。

ある日、美容師の職業訓練を受けているソピア（16歳）が私たちにこんな

美容師を夢見て職業訓練を受けるソピア（左）

ことをいいました。

「私はこの「若者の家」で職業訓練も受けさせてもらえるし、おいしいご飯も食べさせてもらえる。でも、離ればなれになったままの弟や両親は、こんなにおいしいご飯を毎日食べることなんてできずにいると思う。そのことを考えるとすごくつらい。本当はいますぐにでも故郷にもどって家族を助けたい。でもいまの私にはそんな力はないの。だからもう少し職業訓練をがんばって技術を身につけたら、今度は私が家族を養っておいしいご飯を食べさせてあげたい」

ソピアは、何の不自由もない「若者の家」で生活する自分は、わがままをしていると悩むことがあるといいます。

私たちはソピアにいいました。

「わがままでもいいじゃないか。これまで『大人』としてがんばってきたんだから。ここにいる間は『子ども』としてわがままをいってもいいんだよ」

涙を流しながら話すソピアに対して私たちができることは、彼女の気持ちを受け入れてあげることです。子どもたちとの信頼関係、これが心に傷を負った子どもたちに対する一番の心理的なケアだと考えています。

「若者の家」で子どもらしい時間を過ごす子どもたち

いま、カンボジアの「若者の家」の卒業生は２００人以上になりました。卒業した若者たちは、カンボジア各地で必死に日々の生活を送っています。そして、旧正月や伝統的なお祭りの時期など、本来、人びとが実家やふるさとに帰るときに、「若者の家」に帰ってくる若者もいます。また、年に２回は、「同窓会」と称して、カンボジア各地から若者たちが集まってきます。

子ども時代に自分の基盤となる家庭や故郷を持たなかった彼らにとって、いまでは「若者の家」がふるさとになっているのです。

シルク・ワークショップとフェアトレード

日本では、学校を卒業したら就職する。これが一般的な進路でしょう。一方、カンボジアではたとえ大学を出ても企業に勤めることができるのはほんの一握りの人たちだけです。多くのカンボジアの子どもたちは、小学校を卒業するかしないかで農業などの家業を手伝うのが普通です。

さらに貧しい人たちは、学校に行くことがままならないため、仕事を見つけるのも困難です。日雇いの仕事を探しながらその日暮らしの生活をつづけ

「若者の家」同窓会のようす

ています。カンボジアのような開発途上国では教育を受けた大人でも仕事を見つけることがむずかしいのです。

そこで私たちは、カンボジアの伝統工芸であるシルク産業に着目しました。内戦前のカンボジアでは、伝統工芸としてシルク生産が盛んにおこなわれてきました。かつてフランス領だったこともあり、シルク製品を大量にフランスへ輸出していた時代もありました。

しかし、カンボジアではポル・ポト政権下で起きた内戦などでシルク産業は廃れ、伝統技術も失われていきました。現在カンボジアで売られているシルクのほとんどはベトナムなどの近隣諸国からの輸入に頼っています。

ただカンボジアで一カ所だけ、桑の葉と蚕を育て伝統技術を受け継いでいる村があります。いまでは、化学薬品で染色しているものがほとんどですが、この村ではすべて天然のものから色を作り出してシルクの染色に使っています。しかし残念なことにこの村でも、昔はあった青色を作り出す技術も伝統工芸が廃れるとともに失われてしまい、いまでは天然の青を染める技術を持つ人がいなくなってしまいました。

私たちは、「若者の家」で暮らす年長の女子にカンボジアの伝統技術を身

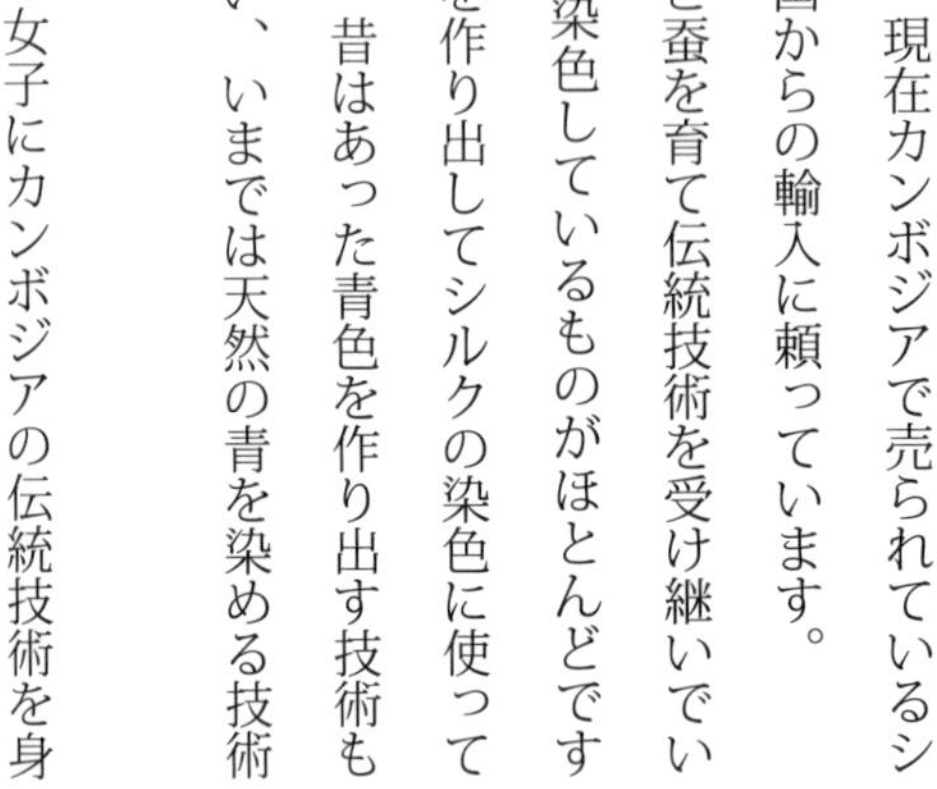

フェアトレード会社KO&Co.で取り扱っているシルク製品（144ページ参照）

につける訓練をはじめました。日本でもシルク製品はとても高価なものです。子どもたちがつくったカンボジアシルクをフェアトレード*で販売すれば、その収益を生産者へ還元することができる。そう思い立ったのです。

２００６年には職業訓練施設を建て、シルク織物の訓練を開始しました。日本ではまだまだなじみの薄いカンボジアシルクですが、フェアトレードを通じて青少年だけでなく地域全体が潤っていくことをめざしています。

ストリートチルドレンからピア・エデュケーターへ

私たちは、ベトナムやカンボジア、フィリピンなど各国で現地のスタッフを雇ってプロジェクトを運営しています。ソーシャルワーカーやエデュケーター、会計担当、料理人などさまざまな職種の現地スタッフが日夜、子どもたちのために働いています。

これらの現地スタッフの経歴は、大学を卒業した者、他のＮＧＯで経験を積んだ者、ボランティアで働いていた者などさまざまです。そんなスタッフとともに働いているのが、ピア・エデュケーターと呼ばれる人たちです。ピ

「若者の家」でのシルク織物訓練で機を織る女の子

フェアトレード：直訳は「公正な貿易」。社会的・経済的に弱い立場の人びとに仕事の機会を作り出し、公正な対価を支払うことで貧困から抜け出す支援をする活動。たとえば、フェアトレードのチョコレートは、カカオの生産地の児童労働をなくし、農民の自立を助けるのに役立っている。

アとは仲間という意味です。エデュケーターとは指導員。つまり、ストリートチルドレンたちと年齢的にも近い人が、仲間の視点で一緒に考え、学びながら働いています。

フィリピンでピア・エデュケーターを務めているのは、元ストリートチルドレンだった若者たちです。これまでの私たちの活動を通して多くのことを学び成長してきた若者が、自主的に年下の子どもたちをサポートしたり、プロジェクトの運営に直接関わり、スタッフのアシスタントとして活躍したり、ばあいによってはスタッフ以上に子どもたちへのアドバイスを的確にしたりしています。

いくら優れた大学に通い専門的な勉強をしていたとしても、ストリートチルドレンとしての実体験にかなわないばあいもあります。ピア・エデュケーターは、あるときは子どもたちの兄のような存在になり、あるときはスタッフとして客観的に子どもたちと接しています。

ピア・エデュケーターがサポートしているのは、ストリートチルドレンだけではありません。刑務所に収監されていた子どもや、貧しさのために学校に通えない子ども、育児放棄された子どもたちも彼らを頼りにしています。

子どもたちに、食器洗いや掃除など少しずつ「若者の家」の手伝いをさせることで自立した生活の第一歩を教えています。

フィリピンのピア・エデュケーター、ジュンジュンは、この仕事に着く前は、薬物を乱用し、犯罪に手を染めていました。彼は家庭とは呼べないほど劣悪な環境で育ちました。母親は彼の幼いうちからべつに新しい家庭を持っており、時折ジュンジュンを訪れるだけで、彼はほとんどおばあさんに育てられました。ジュンジュンの父親は犯罪に巻き込まれ、ジュンジュンが３歳の時に殺害されました。自分の父親のことはまわりからの話を聞いて知っているだけです。彼は５人の弟がいますが、ほとんど新しい父親の子どもたちです。

このような家庭環境に育った彼には、路上しか居場所が見つからなかったのです。彼がマリファナを吸いはじめたのは７歳のときでした。そして12歳のとき、彼は刑務所に収監《しゅうかん》されました。薬物中毒のリハビリセンターでの治療を終えると、彼はふたたびストリートにもどりました。18歳になるまでに、３回刑務所に入り、そのうちの１回は４カ月にも渡る収監でした。刑務所の中では何度も殴られ、暴行を受けたといいます。

ストリートチルドレンの聞き取り調査をしているピア・エデュケーターのジュンジュン（右）

そんな日々をくり返していたジュンジュンですが、彼自身や他の子どもたちの状況を本当に理解し支援してくれるスタッフの努力を肌で感じはじめ、自分たちの権利に気がついたとき、彼の新たな人生が始まったのです。

ジュンジュンは、受益者の立場を経て、ピア・エデュケーターのトレーニングを受け、私たちのスタッフの一員として未成年受刑者における問題に取り組み、世間に訴える活動をするようになりました。

「あの子たちを通して、自分を見つめることができるんだ。ぼくには彼らを理解できる！」

元ストリートチルドレンで犯罪歴のある彼が、恵まれない子どもたちのために働くことは自然なことなのかもしれません。

墓地でたむろしているストリートチルドレンたちも、普段はだれの言うことも聞かないのですが、ジュンジュンの言葉には素直に従います。それは彼らがジュンジュンを恐れているからではなく、心から信頼しているからです。

社会とのつながりを持たないストリートチルドレンにとって、ピア・エデュケーターはもっとも近い存在の他人なのです。

第8章 あなたにもできること

あなたには何ができますか?

「国境なき子どもたち」(ＫｎＫ)は、アジアの恵まれない青少年への支援と並行して日本の人びとに彼らの現状を伝え関心を持ってもらうための啓発活動にも力を入れています。なぜなら、私たちの活動を多くの人に知ってもらい広げていかなければ、いまなおきびしい生活を強いられている子どもたちの未来を変えていくことは不可能だからです。

私たちがアジアで出会った子どもたちのこと、彼らのために私たちがやってきたことや世界の現状について紹介してきました。ここまで読んでくださって、「そうはいってもやっぱり海外の子どものことなんて私には関係ないや」という気持ちでしょうか? それとも、「何か自分にできることはないかな?」と考えはじめているでしょうか?

自分にできることはないかな? と思ってくれる人が一人でも多ければ、私たちはとても勇気づけられます。

修学旅行の訪問先の一つとして、私たちの東京事務局を訪れてくれる子ど

中学校でストリートチルドレンについての講義をおこなうＫｎＫスタッフ

もたちがいます。話を聞いた子どもたちは、「私にできることは何ですか？」という質問をしてくれます。

卒業論文を書いている大学生、最近は仕事をリタイアされた方々からもおなじ質問を受けることがよくあります。

そういうときは、逆にこちらからも聞いてみます。

「あなたには何ができますか？」

働いている方や、お金に余裕のある方は寄付という形で恵まれない子どもたちの自立支援に参加することができます。お金を出すだけなんて偽善的で冷たい行為だという声もたまに聞きますが、とんでもありません。実際に私たちのようなＮＧＯの活動は一人ひとりの個人寄付が集まることで何にも変えがたい力を持ち、一人の子どもの未来を切り拓き、そこから世界を少しずつよい方向に変えていくことができるのです。

企業や団体からいただく金額の大きな寄付や助成金はもちろんありがたいのですが、毎年継続していただけるとはかぎりません。より安定した運営を可能とするためにも、多くの個人の方に私たちの活動にご賛同いただき、継続的にご支援いただきたいと願っています。

募金活動に取り組む中学生たち

●ストリートチルドレンの話をしてみてください

この本を読んでいるみなさんの中には中学生や高校生、主婦、あるいはすでに仕事をリタイアされている方もいるかもしれません。お金を寄付することはむずかしいとしても、だれかにストリートチルドレンの話をしてみてください。

私たちの事務局に話を聞きに来てくれた中学生には、「今日聞いた話を学校の友だちに話してください」とお願いしています。日本とは異なる海外の現状を知る機会を得たのであれば、知ったことをそのまま自分の中だけで終わらせずに今度は身近な人に話してみるというのも、あなたがこの本を通じて出会ったアジアの子どもたちのためにできることの一つなのです。

●パソコンから寄付ができます

あなたの家にパソコンはありますか?

最近は、自由に使えるパソコンを置いてある学校も増えてきたようです。

中学生や高校生でも自分のホームページやブログを持っている方もいるよう

です。教育上好ましくない情報もあり問題視されているインターネットですが、使い方一つによっては私たちのようなＮＧＯの活動を世界中に広めることや、応援することのできる道具にもなるのです。

クリック募金というものを聞いたことはありますか？

パソコンの画面をクリックすることで、あなたが助けたいと思っているだれかを支援することができるしくみです。あなたの「恵まれない子どもたちを助けたい」という気持ちを受けて、代わりに企業が寄付をしてくれるのです。

「ＤＦＦ」や「イーココロ！」という募金ポータルサイトがありますが、ここではＮＧＯやＮＰＯのためのクリック募金に参加することができます。たとえば、「国境なき子どもたち」が参加している「イーココロ！」では、みなさんが1クリックするごとに「トクー！トラベル」という旅行会社が1円を私たちの活動に寄付してくれるしくみになっています。２００７年の開始以来、２００９年末までに１９０万回以上のクリックが寄せられています。

企業の社会貢献活動の一環でもありますが、企業はクリック募金に参加することで実際に資金援助をすると同時に、人びとに企業としての姿勢を伝え

ＤＦＦのトップページ。

DFF の URL　www.dff.jp/

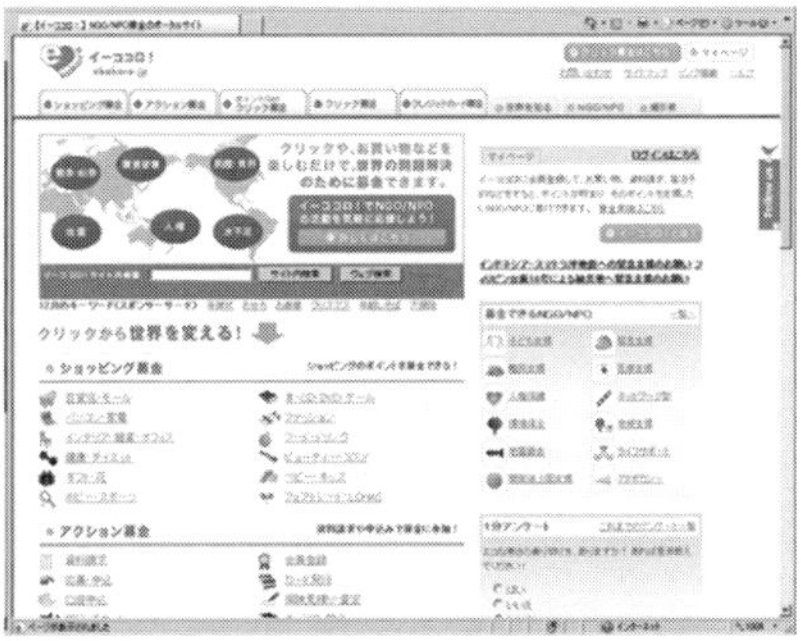

イーココロ！のトップページ。

イーココロ！の URL　www.ekokoro.jp/

ることができるわけです。これはインターネットが普及したからこそ生まれた支援の形です。

●ボランティアに登録しませんか

もっと体を動かしたいという方は、自分たちで募金箱を作って駅前や学校で募金活動をすることもできますし、イベントボランティアに登録し、休みの日の時間を有効に使うことも可能です。

チャンスのある人は実際に海外に行って自分の目で現実を見て、何ができるかあらためて考えるのもよいでしょう。

あるいは英語が得意であれば、現地から届いた子どもたちの手紙や活動報告書の翻訳のお手伝いなど、できることはたくさんあります。

私たちが支援している各国の施設やセンターでは、英語クラスの授業に力を入れています。アジアの国ぐにでも英語ができると将来就ける仕事の幅が広がるので、英語クラスは子どもたちに人気があります。みなさんも他の国の子どもたちと直接Eメールや手紙でやり取りできたら世界がぐんと広がると思いませんか？　長い目で見ると、中高生のみなさんにとっては英語の勉

国内最大級の国際協力イベント、グローバルフェスタ Ｊａｐａｎ。東京日比谷公園で毎年秋に開催されている。ＫｎＫは２００３年以降、毎年参加

強をがんばることだって、国際協力のための第一歩かもしれません。

「国境なき子どもたち」から みなさんに参加していただきたいこと

①ニュースレターやメールマガジンに登録する

まずは知ってください。たとえば、隣に座っている人がどんな悩みを抱えていて、何に困っているかということは、黙ってじっとしているだけではいつまでもわかりません。その人にハンカチを差し出すことすら無理でしょう。

おなじように、まずはストリートチルドレンについて知ることが大事だと思います。「国境なき子どもたち」が年に4、5回発行しているニュースレターには、私たちの活動報告だけでなく、子どもたちの現状やその国の情報がぎっしりつまっています。また毎月発行しているメールマガジンでもさまざまな情報をお届けしています。どちらも無料ですのでぜひホームページからご登録ください。

現地の情報をＫｎＫの支援者をはじめ、様ざまな人々に伝えているニュースレター

http://www.knk.or.jp

②活動を知る

私たちは写真やビデオ（ＤＶＤ）を通じた国際理解の促進に力を入れています。カンボジアやフィリピンの子どもたちがどのような暮らしをしているか、テレビや新聞が伝えていない姿を見てみたいと思いませんか？　無料で貸し出していますので、ぜひホームページからお申込みください。お電話でのお問い合わせも大歓迎です。

③イベントに参加する

アジア各国の子どもたちの現状を日本のみなさんに伝える手段として、報告会や公開講座を主催したり、国際協力フェスティバルに参加しています。２００４年からは東京都新宿区にある写真ギャラリー「シリウス」と写真家のご協力を得て、毎年ゴールデンウィークの前後に写真展*を開催しています。ぜひ会場へ足をお運びください。

また、これらの写真展は、機会があれば地方開催も積極的におこなっています。私たちと協力して写真展を開催したいという方がいらっしゃいましたら、ぜひ事務局までご連絡ください。

写真展：２００４年以降、全国で45万人以上がＫｎＫ写真展に訪れた

過去の写真展

２００４年
『友情のフォトグラファー写真展——子どもたち、その真実』カンボジア（撮影：渋谷敦志）／フィリピン（撮影：大川砂由里）

２００５年
『悲しみのアチェ——津波被災地の子どもは今』インドネシア（撮影：渋谷敦志）

④イベントボランティアに登録する

休みの日を活用して何かやってみたいと思う方は、ぜひイベントボランティア*にご登録ください。多くの方のサポートを必要としています。登録方法はホームページをご確認ください。

⑤自分たちの手でイベントを開催する

以前から私たちを支援してくださっていた数人のメンバーが集まり、「国境なき子どもたち／ＫｎＫ支援委員会」という組織が誕生しました。支援委員会は独自のネットワークを活かして、07年、08年と2年続けてチャリティパーティーを開きました。

パーティーの進行役はフリーアナウンサーの渡辺真理さん*が担当してくださいました。また、07年は歌手のイルカさんによるチャリティライブがパーティーのメインとして華を添えてくれました。

このようなパーティーにかぎらず、学校の生徒会や町内会などが主体となり、私たちのビデオや写真パネルを用いたイベントが各地で開催されています。日本では東京にしか事務局のない私たちにとって、各地で応援の声が上がることをとても心強く感じます。関心のある方は、ぜひ事務局までお問い

2006年『パキスタン大地震——厳冬を乗り越え春へ』パキスタン（撮影：谷本美加）
2007年『ラスト フロンティア——東ティモールの光と影』東ティモール（撮影：渋谷敦志）
2008年『イラク避難民家族の物語——ヨルダンで願う平和』イラク避難民（撮影：谷本美加）
2009年『Against the Wind ——バングラデシュで生きぬく子どもたち』バングラデシュ（撮影：渋谷敦志）

イベントボランティア：写真展や報告会会場での受付、会場設営などフェスティバルでのテント内ブースでのパンフレット配布や物販などをお手伝いしてくれるスタッフ。

渡辺真理さん：チャリティパーティー以外にも、ＫｎＫの活動紹介ビデオのナレーションや写真展のギャラリートークなどさまざまな場面でご協力いただいている。

合わせください。

⑥友情の5円玉キャンペーンに参加する

学校やサークル、地域のグループでの参加を呼びかけているものに、友情の5円玉キャンペーンがあります。「『ご縁』につながる5円玉は友情の印」をキャッチフレーズとした、5円玉を通じた募金活動です。日本では5円玉一つだけで買い物をすることはできないので、おつりでもらってお財布の中にずっとあるという経験はないですか？　一方、私たちが支援しているアジアの国ぐにでは、5円玉はどういった力を発揮するのでしょうか。

たとえば……

◇5円玉が10枚あれば、一人の子どもが将来自立するための職業訓練を受けることができます。

◇5円玉が12枚あれば、一人の子どもが学校に通い知識を身につけることができます。

◇5円玉が34枚あれば、一人の子どもに温かい食事を食べさせてあげることができます。

みなさんも5円玉を通じて、世界のだれかとご縁を結んでみませんか？

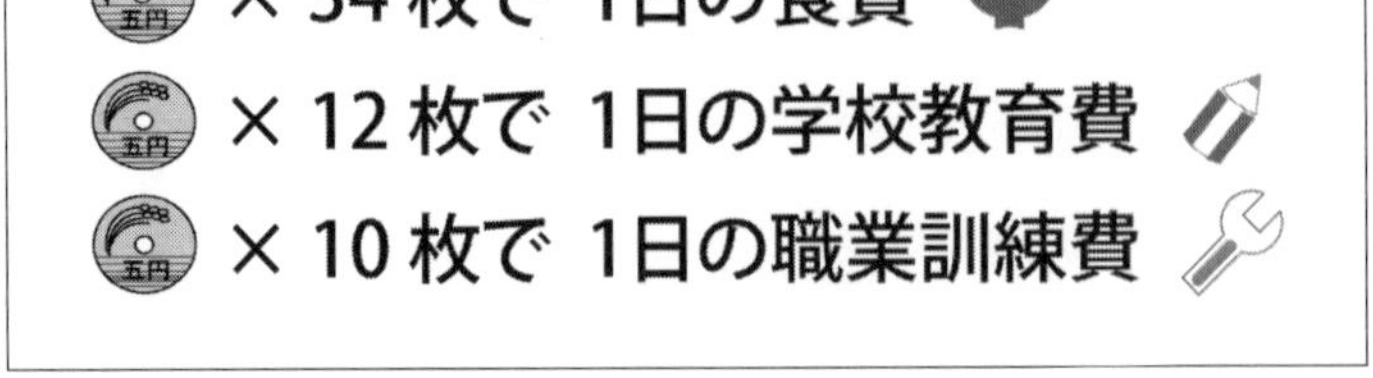

⑦翻訳ボランティアに登録する

各種レポートやホームページなどの翻訳にご協力いただける方を私たちは常に求めています（英語／ベトナム語／アラビア語）。ご協力くださる際には、つぎのような方を歓迎いたします。

＊２年以上の翻訳実務経験のある方

＊翻訳の専門的な教育訓練を受けた方

＊Ｅメールでのやりとりが可能な方

⑧ＫｎＫ支援会員になる

「国境なき子どもたち」では「ＫｎＫ支援会員」という枠組みを設けています。「ＫｎＫ支援会員」としての年度会費（一般：１万円／学生：５千円）をいただくことで、活動資金収入の予測がより立てやすくなり、青少年一人ひとりに対する援助内容と計画をより明確に策定することができます。

⑨「毎日の力、50円」サポートに参加する

毎日50円、この積み重ねが現地での活動に大きな力を発揮します。このサポートは金融機関口座から毎月の自動振替という形でのご参加になります。ご関心のある方は専用申込用紙をお送りいたしますので、事務局までお問合せください。

⑩寄付をする

157ページにある各銀行やホームページからご寄付いただけるようになっています。2010年1月16日から「国境なき子どもたち」は、国税庁長官より認定NPO法人として認められています。これにより、「国境なき子どもたち」へのご支援は寄付金控除の対象となります。

⑪買い物で子どもたちをサポートする

ポストカードやTシャツを販売し、その売り上げを現地の支援活動に当てています。イベント会場での販売のほか、ホームページからもお申し込みいただけるようになっています。

その他、職業訓練を終え自立を目ざす子どもたちが収入を得られるよう、07年にフェアトレードの会社、KO&Co.（コー・アンド・コー）を立ち上げました。KO&Co.は主にカンボジアのシルク、なかでも衣類やアクセサリー、インテリア装飾小物などの絹製品の輸入・販売を手がけています。カンボジアの「若者の家」で絹織物職業訓練を修了した子どもたちの製品も取り扱っています。その収益は、私たちが実施している職業訓練（絹織

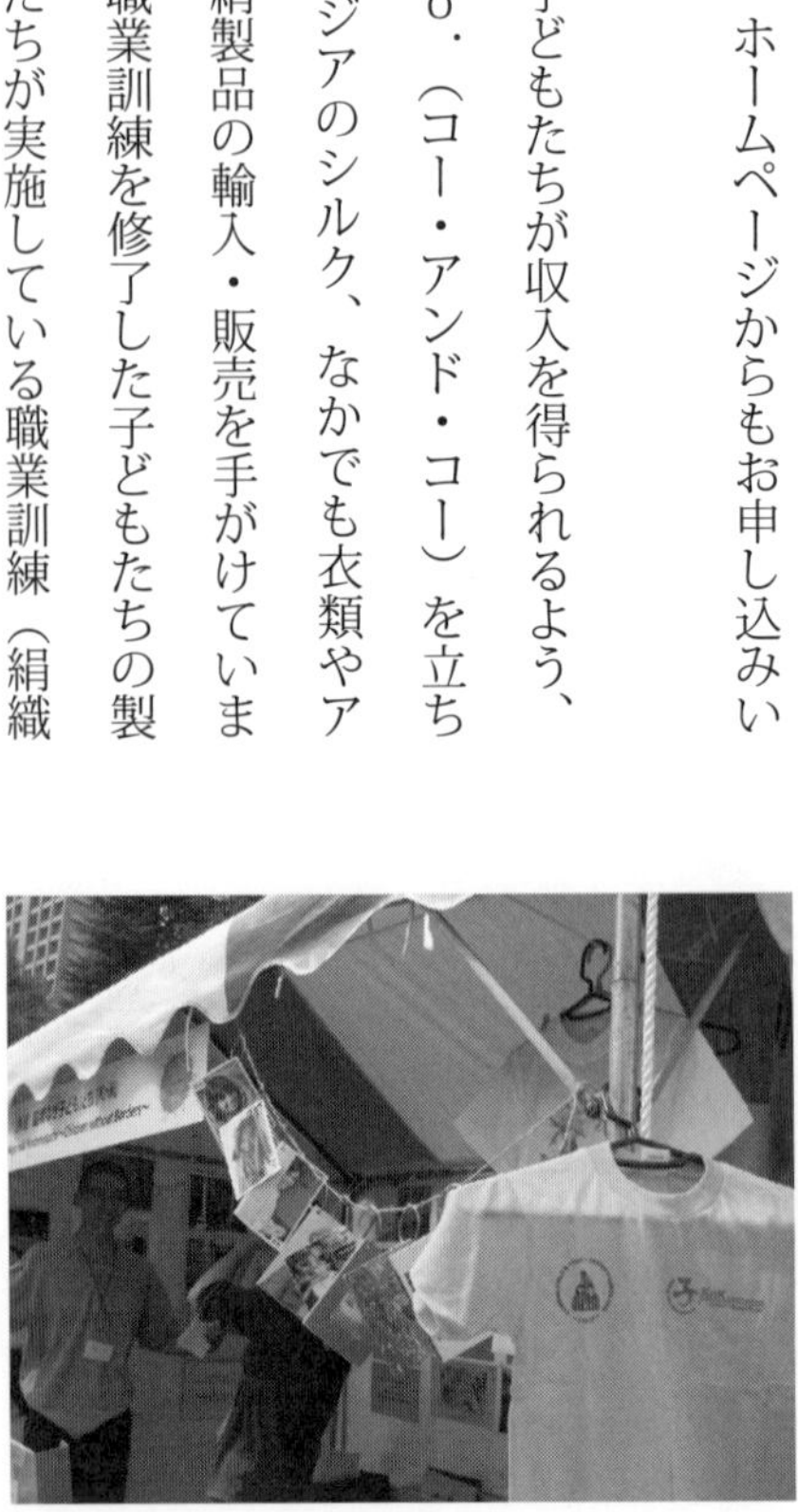

イベント会場で販売されるポストカード。収益は支援活動に充てられる

物&洋裁）と、バッタンバンにおける絹製品の生産者協同組合の設立費用になります。

http://www.ko-and-co.com

⑫「友情のレポーター」になる

あなたの目で、見てきてください。あなたの言葉で、伝えてください。もし、あなたが日本に住んでいる11歳から16歳の子どもだったら、友情のレポーターとして外国の子どもたちを取材してみませんか？

友情のレポーターの使命は、日本の子どもたちの代表として開発途上国を取材し、現地の子どもたちと友好を深めると同時に彼らのおかれているきびしい現実を日本の人びとに広く伝え、「世界を変える」第一歩を踏み出していくことです。２００８年までに、44人がフィリピンやベトナム、インドネシアといった各国へ派遣され、取材をおこなってきました。この取材の様子は、本人が帰国後にまとめたレポートや毎年編集しているビデオレポートでもご覧いただけます。

２００２年にカンボジアに派遣された五十嵐敬也くん（当時11歳）は、友情のレポーターの取材から2年後に個人的にカンボジアを再訪しました。２

百貨店やバザーでシルク製品を販売している

現地での生の映像をビデオ作品に

■「共に成長していく」

ぼくは、2002年春にレポーターとしてカンボジアへ連れていってもらいました。当時小学五年生だったぼくには、人身売買された子どもたちとの出会いやそこで聞いた話はあまりにもショックでした。（中略）

2004年の夏、ぼくはもう一度カンボジアを訪れることができました。2002年に一緒に行った四方香菜さんと先輩レポーターの三宅浩之さんと3人で、目的は「若者の家」の友だちに会うこと、KnKの新しい施設建設プロジェクトに参加すること、日本のクラスメートから預かった品（靴や傘や文房具）を現地へ確実に手渡してくること、の3つでした。

「若者の家」のみんなは、おなじ2年間でもぼくよりもずっと成長していました。大学へ進学した人もいれば、職業訓練を終えて床屋として生活をはじめた人もいて、ぼくはそのみんなのがんばりにかなり刺激を受けて帰ってきました。

辛い過去は消えてないはずなのに、ぼくよりずっと生き生きとしていたのは、安定した生活で目標を持って毎日を過ごしているからだと思います。でも家族とは離れ離れのままだったり、親のいない人もいます。過去に親に売られた元トラフィックト・チルドレンもいます。

一人の子の言葉をスタッフから聞いたことがあります。

「私は、自分の目の前で支払われた私の値段を忘れることはできない」

この言葉はいまもぼくの胸に深く重くつきささったままです。

国境なき子どもたちは「共に成長していく」ことを活動の基本理念に掲げています。国際協力は「してあげる」という一方通行でもなく「自分が何かを得る」ためでもなく、まさに「共に成長していく」ことなのだとぼくも思っています。

お互いにいつも気にかけてさえいれば、自分のやるべきことはおのずと見えてきます。彼らと思いきり笑って過ごした時間は本当に楽しかったけれど、彼らには想像を絶するつらい過去がそれぞれあることを思うと苦しいです。でもつらく悲しい連鎖を断ちきるためにも、ぼくたちは「共に成長していく」ことが必要だと思い、今のぼくにできることに力を尽くしていこうと思います。

彼らがぼくたちのように毎日きちんと食事が摂れて、学校で学べて、将来に向けて成長できる環境を、どうかこれからも一緒に支えてください。人それぞれの立場によって、自分の「やるべきこと」「できること」は違うと思いますが、みなさんもどうか彼らのことをつねに気にかけていてください。

＊2002年友情のレポーター　**五十嵐敬也**（カンボジア再訪当時14歳）

度のカンボジア訪問を経験した五十嵐くんの文章を紹介したいと思います。

五十嵐くんは２０１０年の春から大学に進学します。友情のレポーターの募集要項は、「国境なき子どもたち」のニュースレターやホームページに掲載されます。お電話でのお問い合わせも大歓迎です。

⑬海外派遣員として現地で活動する

１９９７年から09年までに、のべ47人の方が現地派遣員として、アジア各地での活動に参加しました。活動現地では、プロジェクトの計画・管理運営から予算・会計の管理、助成金等の報告書作成もあれば支援を必要とする子どもたちに関する各種調査などさまざまな業務が求められます。日本人は一人で数多くの現地スタッフと共に仕事を進めていくという責任の重いポジションなので、現場の活動でしか得ることのできない貴重な体験ができることはいうまでもありません。

海外派遣員として東ティモール、バングラデシュ、ミャンマーで活動してくださった静谷大輔さんは、その経験を「言葉ではなく、自分の五感を使って、理屈ではなく実体験で得られる途上国での日々は『プライスレス』です」と話しています。

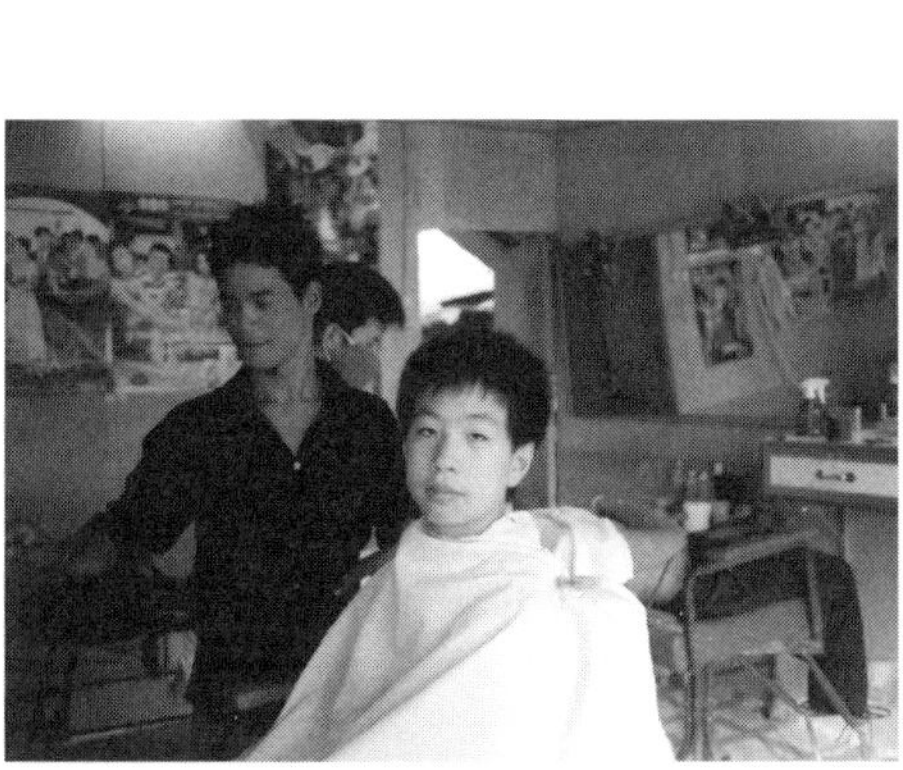
「若者の家」の卒業生が営む床屋で散髪してもらった五十嵐くん

社会人経験が2年以上あり、英語で業務をおこなえる方であればどなたでもご応募いただけます。

共に成長するために

私たちは「共に成長していく」ことを基本理念に、二つを活動の二本柱としてアジアの子どもたちとともに歩んできました。

①アジアの恵まれない青少年を支援すること

②日本の一般市民、とりわけ若い世代の人びとに対し教育啓発すること

だれかのために何かをやりたいと思ってくださる方が少しずつ増えてきたように感じます。それでもすべての子どもに手を差し伸べるにはまだ遠く、私たちの活動はマラソンのスタートラインにようやく立てたようなものです。

いま、「国境なき子どもたち」の役割を改めて考えてみると、つぎの段階に進むべきときが来たように思います。つまり、「活動に参加したい」「自分にできることは何ですか？」と手を上げてくださる日本のみなさんの声に応

2008年、東ティモールを取材した友情のレポーター（左）

えて、より多くの方が参加できるような機会を私たちがもっともっと作っていく必要性があると感じています。

つらい過去を持つ「若者の家」の子どもたちが、スタッフの愛情を受けて「子ども」としての時間を取り戻すうちに、大津波で被災した他国の子どもを思いやる気持ちを育くみました。私たちも彼らに負けないようつねに前を向いて、みなさんとともに成長していきたいと思います。

あとがきにかえて

いまから約10年前に「国境なき子どもたち」（ＫｎＫ）は生まれました。

私はベトナムのストリートチルドレン収容施設を初めて訪れたとき、路上で補導された子やいわゆる浮浪児、捨て子といった境遇の子どもたち４００人がすし詰めになって生活している様子を目の当たりにしました。そして、一人の少年と視線が合ったのです。少年の目は、私にこうたずねていました。

「ここへ何をしにきたの。ぼくらの様子を見て、あなたに何かできることがあるの」

少年の視線を受けとめた私は、その質問もまた受けとめました。そして、質問を受けとめるということは、その答え探しを自らに課すということだったのです。

私は、この収容施設で年齢を重ねるほか行き場のない子どもたちのためにべつの居場所を作りたいと考えました。彼らが学校へ通いながら将来を夢見ることのできる場所、本来、子どもが成長するために過ごす「家」となる場所を提供することが、この少年の問いかけに対する私の答えでした。

こうして私は、何人かの友人とともに、NGO「国境なき子どもたち」を設立しました。まもなく最初の「若者の家」をカンボジアに、ついでベトナム、フィリピンにも開設することができました。

道ばたで寝泊りしたり、路上で働く、いわゆるストリートチルドレンの数は、世界で1億人以上いるといわれています。

家族はいるのだろうか、それともみなしごなのだろうか。

どんな生活を送っているのだろうか、どうやって食べているのだろうか。

なぜストリートチルドレンが存在するのだろうか？

何がストリートチルドレンを生み出したのだろうか？

そして、これらの子どもたちが野良犬のように扱われる社会を、だれが作ったのだろうか？

国際機関や政府、地域社会、ＮＧＯのはたすべき役割はなんだろうか。

そして、一人ひとりの人間に何ができるだろうか。

ストリートチルドレンと直接の関わりもなく、数千キロも離れた日本で暮らし、お金も専門技術も持たない一人の人間に、いったい何ができるのだろうか。

ストリートチルドレンという存在は、たくさんの疑問をかきたてます。あまりにその疑問が多すぎて、むしろ彼らの存在を忘れ、べつの世界の話と割り切ってしまった方が楽なように思えるほどです。

バンコクやマニラでよく見かける観光客などは、ストリートチルドレンの姿に目を留めることもなく、彼らの声に耳を傾けることもなく、手を触れることもありません。いっそ観光客のように、ストリートチルドレンが私たちとおなじ人間であり「子ども」なのだということを忘れ去ってしまった方が気が楽かもしれません。

子どもはみんな、等しく権利を持っています。大人はみんな、子どもの権利を尊重する義務を負っています。このことは、世界中のほぼすべての国によって署名され、認められた国際条約「子どもの権利条約」に書かれています。

しかしながら、子どもの教育や健康、保護などの課題は、つねに後回しにされがちです。存在を忘れ去られ、搾取され、尊厳を踏みにじられ、人生を奪われている子どもたちは実在するのです。これらの子どもたちこそが私たちの未来であり、子どもの存在を軽視することは私たち自身の尊厳を傷つけているということを、多くの人びとは忘れてしまっているかのようです。

問題には、つねに答えがあります。しかし、国際機関、政府、あるいは他のだれかが答えを見つけてくれるだろうとあてにしていても、問題の解決には結びつきません。問題がそこにあることに気づいた私たち一人ひとりが、何ができるかを考えなくてはならないのです。

あなたもまた、心の底では気づいているはずです。何かができるはずだ、何かしなくてはならない、ということを。

大切なのは全世界のストリートチルドレンのすべてを救済できるかどうかではなく、一人ひとりの人間が一人ひとりの子どもたちのために行動を起こすことだと私は考えています。そこには、手柄も功績もなければヒーローもいません。私たちの歩む道に倒れている子どもがいたら、その子が起き上がるのを手助けする、それだけのことです。

この本を書いたのは、そんな行動を起こした国境なき子どもたちのスタッフです。それぞれが自分自身の出会いと体験、思いを語っています。それぞれがこれからの課題や希望を語っています。一億という途方もない人数のストリートチルドレンの中のほんの数名が、いかにして人間らしい生活、年齢にふさわしい生活を取りもどせたか、その道のりを語っています。

この本を読み終えたとき、あなた自身も自らに問いかける質問を持っていることでしょう。その質問こそがすべてに向けた第一歩となることを願っています。

国境なき子どもたち創設者　ドミニク・レギュイエ

■参考になる本・参考になるサイト

●子どもたち用

【書籍】

『アンコールワットの神様へ』石原尚子著／岩崎書店
『ふたり・おなじ星のうえで』谷川俊太郎著／東京書籍
『ストリートチルドレンを見つめる―子どもの権利と児童労働』石原尚子著／ほるぷ出版
『子どもによる子どものための「子どもの権利条約」』小口尚子・福岡鮎美著／小学館
『世界がもし１００人の村だったら』池田香代子著／マガジンハウス
『世界がもし１００人の村だったら２　１００人の村の現状報告』池田香代子著／マガジンハウス
『世界がもし１００人の村だったら　完結編』池田香代子著／マガジンハウス
『子どもたちに寄り添う』工藤律子著／ＪＵＬＡ出版局
『世界から貧しさをなくす30の方法』田中優他編／合同出版
『ぼくと1ルピーの神様』ヴィカス・スワラップ著／ランダムハウス講談社
『旅の指さし会話帳19カンボジア』福富友子著／情報センター出版局
『旅の指さし会話帳14フィリピン』白野慎也著／情報センター出版局
『旅の指さし会話帳11ベトナム』池田浩明著／情報センター出版局

【web】

＊日本ユニセフ協会　世界の子どもデータ
http://www.unicef.or.jp/kodomo/data/da_bod0.htm
＊日本ユニセフ協会　子どもの権利条約
http://www.unicef.or.jp/about_unicef/about_rig.html

●大人用（親、先生、国際協力に携わりたい方）

【書籍】

『世界がもし１００人の村だったら』池田香代子著／マガジンハウス
『世界がもし１００人の村だったら２　１００人の村の現状報告』池田香代子著／マガジンハウス
『世界がもし１００人の村だったら　完結編』池田香代子著／マガジンハウス

『子どもたちに寄り添う』工藤律子著／ＪＵＬＡ出版局
『世界から貧しさをなくす30の方法』田中優他編／合同出版
『ぼくと1ルピーの神様』ヴィカス・スワラップ著／ランダムハウス講談社
『物請う仏陀』石井光太著／文春文庫
『闇の子供たち』梁石日著／幻冬舎文庫
『国際ＮＧＯが世界を変える―地球市民社会の黎明』功刀達郎、毛利勝彦著／東信堂
『あなたの大切なものは何ですか？』山本敏晴著／小学館
『国際協力師になるために』山本敏晴著／白水社
『世界と恋するおしごと』山本敏晴著／小学館
『子どものねだん』マリー＝フランス・ボッソ著／社会評論社
『虹色の空―カンボジア虐殺を越えて 1975-2009』久郷ポンナレット著／春秋社
『現代フィリピンを知るための60章』エリア・スタディーズ11／大野拓司、寺田勇文編著／明石書店
『現代ベトナムを知るための60章』エリア・スタディーズ39／今井昭夫、岩井美佐紀編著／明石書店
『カンボジアを知るための60章』エリア・スタディーズ56／上田広美、岡田知子編著／明石書店

【web】

＊日本ユニセフ協会　世界の子どもデータ
http://www.unicef.or.jp/kodomo/data/da_bod0.htm
＊日本ユニセフ協会　子どもの権利条約
http://www.unicef.or.jp/about_unicef/about_rig.html

【映画（ＤＶＤ）】

『BASURA』四之宮浩監督（２００９年）
『神の子たち』四之宮浩監督（２００１年）
『忘れられた子供たち～スカベンジャー』四之宮浩監督（１９９５年）
『チョコラ！』小林茂監督（２００９年）
『未来を写した子どもたち』ザナ・ブリスキ、ロス・カウフマン監督（２００４年）
『キリング・フィールド』ローランド・ジョフィ監督（１９８４年）

「国境なき子どもたち」活動紹介

「国境なき子どもたち」(略称 KnK) は、開発途上にある国ぐにのストリートチルドレンや人身売買の被害に遭った子どもたち、大規模自然災害の被災児など、恵まれない青少年を支援する NGO です。

1997 年、日本で設立され以来、海外の恵まれない青少年への援助活動と日本の青少年向け国際理解プログラムを両輪として活動を展開しています。

【連絡先】

〒 161-0033　東京都新宿区下落合 4-3-22
Tel：03-6279-1126　Fax：03-6279-1127
ホームページ　http://www.knk.or.jp
Email：kodomo@knk.or.jp
＊事務局受付　平日 10 時～ 18 時

- ニュースレター：年 4 ～ 5 回発行。
- 写真展：毎年ゴールデンウィーク前後に東京で開催。(入場無料)
- 公開講座「シリーズ　アジア」：年 4 ～ 5 回東京で開催。(参加無料)

【寄付先】

- ゆうちょ銀行
  加入者名：特定非営利活動法人国境なき子どもたち
  口座番号：00120-2-727950
- 三菱東京 UFJ 銀行　高田馬場支店
  口座名義：特定非営利活動法人国境なき子どもたち
  口座番号：普通口座　1017631
- インターネット寄付／クレジットカード決済
  http://www.knk.or.jp

■執筆者紹介

大竹綾子（おおたけ・あやこ）

1969年生まれ。大学卒業後、団体職員勤務を経て2001年より「国境なき子どもたち」の海外派遣員としてカンボジア、ベトナムでの活動に従事。2006年からは海外事業担当として東京事務局に勤務し、現在に至る。

金　珠理（きむ・じゅり）

1972年生まれ。大学卒業後、一般企業勤務を経て1996年より国際医療援助NGOに勤務。その間、「国境なき子どもたち」の立ち上げに参加。2003年より事業開発担当として東京事務局に勤務し、現在に至る。

清水　匡（しみず・きょう）

1970年生まれ。大学卒業後、映像制作会社勤務、英国留学を経て1999年から国際医療援助NGOに勤務。2003年より「国境なき子どもたち」東京事務局に勤務し、広報担当として現在に至る。

松浦ちはる（まつうら・ちはる）

1973年生まれ。大学卒業後、ドキュメンタリー制作を学ぶ。広報ビデオの制作に携わったことをきっかけに、2003年より「国境なき子どもたち」東京事務局に勤務し、広報担当として現在に至る。

森田　智（もりた・さとし）

1975年生まれ。大学院で国際開発を専攻中の2003年よりプロジェクト・コーディネーターとして「国境なき子どもたち」の活動に参加。2006年よりプログラム・ディレクターとして資金調達や事業オペレーション、事業評価、調査研究に従事。2009年より同理事会付アドバイザー。

2010年3月末現在

ドミニク・レギュイエ

「国境なき子どもたち」創設者。

1952年生まれ。大学卒業後、映画館勤務、青少年指導員などを経て、1984年、国際医療援助NGO「国境なき医師団」（MSF）に参加しエチオピアでの援助活動に従事。1985年よりパリ本部に勤務し、1992年には「国境なき医師団」（MSF）日本事務局を立ち上げ、以後10年間にわたり同事務局長を務める。その傍ら1997年に「国境なき子どもたち」を設立し、2017年まで事務局長を務めた。

ぼくは12歳、路上で暮らしはじめたわけ。
私には何ができますか？　その悲しみがなくなる日を夢見て

2010年 3月25日　第1刷発行
2019年10月25日　第5刷発行

編著者　特定非営利活動法人　国境なき子どもたち（KnK）
発行者　上野良治
発行所　合同出版株式会社
東京都千代田区神田神保町1-44
郵便番号　101-0051
電話　03（3294）3506　FAX03（3294）3509
URL　http://www.godo-shuppan.co.jp
振替　00180-9-65422
印刷・製本　株式会社シナノ

■刊行図書リストを無料送呈いたします。
■落丁乱丁の際はお取り換えいたします。

ISBN978-4-7726-0474-1　NDC302　210 × 148　

＊別途消費税がかかります。

「いのち」を大切にされない世界の子どもたち　大好評発売中！

世界中から人身売買がなくならないのはなぜ？
子どもからおとなまで売り買いされているという事実

小島 優・原 由利子〔著〕　●1300円　　辛淑玉さん推薦！

人・物・金が世界をめぐるグローバル化の中、人に値段がつけられ売買されている。そして日本は人身売買の受け入れ大国なのだ。事実を知り、身近な問題として考えてみよう。

ぼくは8歳、エイズで死んでいくぼくの話を聞いて。
南アフリカの570万のHIV感染者と140万のエイズ孤児たち

青木美由紀〔著〕　●1300円

両親をエイズで失い、自らもエイズを発症し亡くなっていく南アフリカの子どもたち。南アフリカ共和国の真実を知り、いま私たちにできることは何かを考えていこう。

わたし8歳、カカオ畑で働きつづけて。
児童労働者とよばれる2億1800万人の子どもたち

岩附由香+白木朋子+水寄僚子（ACE）〔著〕　●1300円　　池田香代子さん推薦！

サッカーボールを縫っていたインドのソニアちゃん、8歳の売春婦、フィリピンのピアちゃん、借金のかたに働かされるインドの少年。原因から解決の糸口まで、児童労働のことがよくわかる入門書。

クラスター爆弾なんてもういらない。
世界から兵器をなくすみんなの願い

清水俊弘〔著〕　●1300円

もう、ぼくらのような犠牲者をつくらないで！――なんの制限もなく使われてきたクラスター爆弾に、手足を奪われ、光を奪われ、夢を失った犠牲者たちが世界に訴える現実と課題。

ぼくは毒ガスの村で生まれた。
あなたが戦争の落とし物に出あったら

化学兵器CAREみらい基金〔編著〕　吉見義明〔監修〕　●1300円

大戦時、中国の戦場に置き去りにされた日本軍の毒ガスが、戦後60余年を経てなお被害者を出し続けている。過去から現代へ、過ちをくり返さないためにできることがある。

ぼくは13歳　職業、兵士。
あなたが戦争のある村で生まれたら

鬼丸昌也+小川真吾〔著〕　●1300円　　一青窈さん推薦！

毎年50万人、毎分1人の命が小型武器によって失われている。武器を持たされ兵士として戦わされているのは子どもたちだ。この絶望的な問題をまず理解しよう。